丸山勝 maruyama masaru
山本勲 yamamoto isao

「東アジアの火薬庫」

中台関係と日本

藤原書店

「東アジアの火薬庫」
中台関係と日本

目次

「東アジアの火薬庫」

中台関係と日本

凡例

一　注は(1)(2)(3)……で示し、各節末に配した。
一　〔　〕は引用者による注を示す。

序　中台関係のゆくえが、二一世紀の東アジアをきめる

山本　勲

台湾海峡が東アジア最大の〝火薬庫〟に

二〇〇〇年の東アジアでは、二一世紀のこの地域を暗示するかのような二つの対照的な出来事があった。三月の台湾総統選挙で独立派の陳水扁が当選して中台関係が再び緊張する一方、六月には韓国の金大中大統領が朝鮮民主主義人民共和国（北朝鮮）を訪問して金正日総書記と初の首脳会談を行ない、南北朝鮮の和解が進み始めたことである。東アジアの二大〝火薬庫〟のうち、朝鮮半島で大規模戦争が起こる可能性はかなり小さくなったが、台湾海峡を取り巻く情勢は依然としてきわめて流動的であり、きな臭さに満ちている。中台関係のゆくえが二一世紀の東アジアの明暗を分けることになりそうである。

もともと経済が極度に疲弊した北朝鮮には、韓国を武力統一する力はなかった。南北朝鮮の歴史的

な和解への動きは、過去半世紀の間にゆっくりと進んだ双方の国力の圧倒的な格差を、お互いや、まわりの国が認めあったことによって可能になった。ケンカ（戦争）をする前に彼我の優劣がはっきりとついたから、仲直りできたのである。

これとは対照的に台湾海峡両岸の勢力はともに旺盛で、ほぼ拮抗している。しかも中国は香港、マカオの主権回復に続いて台湾の早期統一を標榜し、台湾では二〇〇〇年五月に、かねて台湾独立を主張していた陳水扁が総統に就任した。陳水扁は「中国に武力行使の口実を与えないため」に、総統就任演説で「独立宣言をしない」などの五つのノーを約束してひとまず戦争の危機は収まったが、本音は独立状態にある現状を維持することにある。お互いの思惑・本音が「水と油」のようにかけ離れ、双方の力関係が拮抗していては、南北朝鮮のような和解が近い将来に始まることはきわめて難しいのである。

中国は北朝鮮と同じ一党独裁体制を堅持してきたが、改革・開放政策の成功によって過去二〇年間に平均年率約九％の高度成長を実現して国力をつけ、過去一二年間に国防予算を毎年二ケタで増やすなど、急激な軍拡を進めている。二〇〇〇年の国防予算は前年比一五％増の一二〇五億元（約一四五億米ドル）だが、英国の戦略研究所は実際の軍事費は公表されている国防予算の約三倍と見積もっている。核を含む新兵器の開発費は別予算で計上し、外国からの兵器輸入費は軍系企業の輸出でまかなう、などの操作が行なわれているというのが大方の専門家の見方である。そうだとすれば二〇〇〇年の中国の総軍事費は四三五億米ドルにのぼることになる。ちなみに日本の平成一二年度の防衛関係費は約四兆九二〇〇億円、一ドル＝一一〇円で換算すると四四七億ドル。中国の人件費や諸物価の水準が大幅に安いことを考えると、実質的な軍事費はすでに日本をかなり上回っているといえるのである。

台湾の国防白書（二〇〇〇年八月）によると、中国軍は台湾を射程に収めたミサイルをすでに約四百基保有し、五年後には六百基に達すると予測している。日本の防衛白書（二〇〇〇年七月）も、中国が日本を含むアジア地域を射程に収めた中距離弾道ミサイルを約七〇基保有していることを初公表したが、こちらも同様のペースで増え続けるとみられる。中国の軍拡は台湾のみならず、日本をはじめとする周辺諸国にとっても無視できない脅威となりつつある。

一方の台湾の国防予算（九九年七月—二〇〇〇年末）は四〇二九億台湾ドル（約一二六億米ドル）と中国の国防予算の公表額に近く、こちらも年々着実に増えている。これだけでは中国に対抗できないが、台湾は一足先に経済離陸に成功し、九〇年代に民主化を実現したことで米国との関係を強めた。米台連合で中国との勢力均衡（バランス・オブ・パワー）を保ち、安全保障をはかろうとの戦略だが、今のところこれは成功している。米国は中国が一方的に台湾を武力攻撃すれば、台湾関係法にもとづいて介入することを九六年の台湾海峡危機でも明確にした。中国の軍拡は急ピッチだが、米国は今後も中台の軍事バランスが崩れないように台湾への武器売却を進める構えをみせており、台湾海峡を挟む中国と台湾プラス米国のパワーバランスが近い将来に大きく変化することはないであろう。

勢力が均衡していれば平和は保ちやすいが、現状が固定化され、中国が台湾を早期統一することは難しくなる。現状の変更をめざす中国はさらなる軍拡によって優位に立ち、台湾の抵抗意欲を削ぐと同時に、米台連合を分断する戦略をとるとみられる。かりに中国が目標通り二〇一〇年まで七％程度の経済成長を維持し、国防予算を従来ペースで増やしていくとすれば、東アジアで抜きんでた軍事強国になるだろう。一方、米台が勢力均衡を維持するための軍拡でこれに対抗するとすれば、台湾海峡周辺は東アジアでも突出した〝火薬庫〟となるだろう。

台湾海峡の情勢が日本にきわめて大きな影響を及ぼすことは、いうまでもない。この地域には日本が石油などの重要物資を海外から調達するためのシーレーンが走っている。この地域で戦争が起きるか、あるいは慢性的な緊張状態が続けば、まず日本のシーレーンが脅かされる。日本と台湾、東南アジア諸国との緊密な経済・貿易関係を維持することも難しくなる。日本の石垣島、宮古島などからなる南西諸島は台湾と隣接しており、好むと好まざるとにかかわらず、紛争に巻き込まれる可能性が大きい。

同盟関係にある日米両国は九七年九月、「周辺事態(日本周辺地域における日本の平和と安全に重要な影響を与える事態)」における協力をもりこんだ「新指針」を作成した。九九年五月には新指針関連三法が成立した。これにもとづき、日本は周辺事態発生時に米軍に対して後方支援を行なうことになった。日米両国政府は周辺事態とは「地理的概念ではなく、事態の性質に着目したものである」と説明して、台湾海峡有事を含むか否かを明確にしていないが、この地域で大規模紛争が起こった場合に「日本の平和と安全に重要な影響を与える」ことは明白である。中台戦争が勃発して米軍が介入した場合、日本が米軍を後方支援し、中国軍がこれを攻撃して日中戦争にエスカレートする可能性は十分ありうるのである。

海洋強国をめざす中国

「我々は引き続き『平和統一、一国二制度』の方針を堅持し、香港とマカオの円滑な祖国復帰後、最終的に台湾と祖国大陸の統一を達成する。祖国の完全統一を実現し、祖国の安全を守ることは中華民族の偉大な復興の根本的な基礎であり、全中国人民の揺るぎない強固な意思である」――江沢民・中国共産党総書記兼国家主席は、九九年一〇月一日の新中国建国五〇周年の記念式典における演説でこう述べている。

江沢民はこれに先立つ九五年一月に「祖国統一の大業の完成を促進するために引き続き奮闘しよう」と題する演説で、初めて彼の台湾政策を包括的に打ち出していた。この演説は台湾に八項目の平和統一提案を行なっているところから、一般に「江沢民八項目提案」（第Ⅱ部第3章一三七ページ参照）と呼ばれている。そのなかで江沢民は「祖国の完全統一を実現し、中華民族の全面的振興を促進することは依然としてすべての中国人の神聖なる使命であり、崇高なる目標である」と述べていた。

二つの演説の内容には微妙な違いがある。九五年の演説では「祖国の完全統一〔すなわち台湾統一――筆者注〕の実現」は、「中華民族の全面的振興を促進する」ことであり、「すべての中国人の神聖なる使命、崇高なる目標」であった。つまり、台湾統一それ自体が「崇高なる目標」だったのである。ところが、九九年の演説では「祖国の完全統一を実現し、祖国の安全を守る」ことは「中華民族の偉大な復興の根本的な基礎である」と述べている。台湾統一は「祖国の安全を守る」ことであり、それは「中華民族の偉大な復興」という目標を実現するための「根本的基礎」、いわば手段に置き変わっている。台湾統一を基礎に中華民族の偉大な復興を実現する、と言っているわけだから「中華民族の偉大な復興」とは何かが非常に重要になってくる。江沢民はこの演説のしめくくりで「中国の未来は限りない光明に満ちている。……富強、民主、文明の社会主義現代化中国が必ず世界の東方にあらわれるだろう」と述べているから、「富強、民主、文明の社会主義現代化中国」を実現することが、それにほぼ該当するのであろうが、これ自体がまたかなりあいまいな目標である。

富強も民主も文明も、あたまに社会主義がつけば西側のそれとは異なる。共産党の独裁体制下の富強、民主、文明ということであろう。一党独裁下で真の民主や文明が築けるかについては異論もありえよう。ただ富強については物質的に豊かで、強い国家ということであろうから、現在の富国強兵政策をさらに推進していくことだけは疑いあるまい。ということは、台湾統一は富強国家への道を邁進する「根本的基礎」であり、そのためのひとつのプロセス、あるいは手段であるということになる。これに関連して注目すべきなのは、中国が九〇年代後半から「海洋強国」をめざす姿勢を次第に鮮明にしはじめたことである。

二〇〇〇年八月二八日に北京で開幕した国家海洋庁局長会議で中国国家海洋局の王曙光局長は、「二一世紀のわが国海洋事業の総目標は近代的な海洋強国をめざすことである」として、以下次のように述べている。「海洋は国家の存在と発展の物質的基礎であり、国際政治闘争の舞台であり、人類資源の宝庫であり、ハイテク発展の重要領域であり、世界各国の持続的発展の最後の空間である。二一世紀は人類が海洋を全面的に認識し、十分に利用し、着実に保護する新世紀となるであろう(1)」。

二一世紀の持続的成長のために中国がいかに海洋資源開発に大きな期待をかけているかが理解できよう。たしかに中国が二一世紀においても長期にわたって高度成長を続けるには、海洋への進出は不可避の選択となる。高度成長の維持には膨大なエネルギー、鉱物資源が必要となるが、陸上油田の生産が主力の東北や東部沿海地域で減少しつつある。中国の九九年の原油生産量は一・六億トンで、三六六〇万トンを輸入した。二〇〇〇年上半期の石油消費量は平均日量四二〇万バレル前後と、前年同期比一五%も伸び、輸入は日量約一三〇万バレルと同九九%の急増を示した。[2] すでに日本と並ぶ石油消費国となったが、二〇〇一年には日本を抜き、米国に次いで世界二番目の消費国になるのは確実である。中国が今後一〇年間に七%程度の高度成長を続けるとすれば、石油需要が膨れあがることは必至である。二〇五〇年の石油需要は七・四億トンにのぼる一方、国内生産量は楽観的に見積もっても八千万トンにしかならない、といった予測が中国内でもなされている。[3] 代替エネルギーの開発や省エネも進むだろうからかなり割り引いて考えるとしても、それでも数億トン規模の不足が起こりうる。不足分は輸入と海洋石油の開発でまかなわなければならなくなる。

不足するのは石油だけではない。新中国建国後の人口の急増や乱開発、工業化などによって生態環境の悪化がますます深刻になってきた。砂漠化が北京のそばまで迫り、黄河の断流が慢性化している。約一三億の人口はいまも毎年一〇〇〇万人以上のペースで増加を続けている。生態環境のさらなる悪化を防ぎつつ、どうやって膨大な人口を養うかは二一世紀の中国の大問題である。そこで海産物資源の開発や養殖がひとつの活路となる。

こうして中国は高度成長を維持するための突破口を海に求めはじめているが、そこでは周辺国との領土・領海をめぐる争いがすでに頻発している。「海洋強国」とは、海に積極進出して海洋権益を確保、開発、擁護しうる強国を意味するとみられるが、そのためには海軍の強化が焦眉の課題となる。

近年の中国海軍の急速な増強や太平洋、インド洋などでの遠洋航海、日本の周辺海域での軍艦や海洋調査船の活動もその一環とみられる。

（1）二〇〇〇年八月二九日付『中国経済時報（北京）』
（2）二〇〇〇年九月一日付『日本経済新聞』朝刊
（3）呉純光『太平洋上的較量——当代中国的海洋戦略問題』（今日中国出版社・北京、一九九八年一〇月）三六頁

海洋強国と台湾統一

中国共産党の指導者は、これまで台湾統一それ自体が政権の究極の目標であるかのような言い方をしてきた。「祖国統一は数千年来の中華民族共同の願望」（鄧小平）であり、「すべての中国人の神聖なる使命、崇高なる目標」（江沢民）というわけである。中国共産党政権は日欧米帝国主義の半植民地支配打破と国内の社会主義革命という二つの目標をもっていたから、台湾を統一するまでその闘いは終わらない。しかし、徹底したリアリスト集団でもある共産党の指導者がそれだけのために台湾統一をめざしたわけでもないだろう。すでに触れたように九九年の江沢民演説は、このあたりの思惑を垣間見せている。江沢民はこのなかで「祖国の完全統一を実現し、祖国の安全を守ることは中華民族の偉大な復興の根本的な基礎」であり、「富強、民主、文明の社会主義現代化中国」に向かって勇躍前進することを呼び掛けていた。

ここで江沢民は、台湾統一を「祖国の安全を守る」ことと並列し、富強国家の実現をめざす姿勢を

鮮明にしている。たしかに二一世紀の中国の安全保障を考える場合、台湾を版図に収めることはきわめて重要である。中国の大都市や主要工業施設は沿海都市に集中している。台湾は海峡を挟んで南北に広がるこれら沿海部のほぼ中間に位置し、大陸側からみれば、いわば脇腹に刃物を突き付けられたような形である。台湾を基地にすれば、海や空から中国経済の大動脈である沿海全域を攻撃することができる。中国はかねて台湾が独立したり、外国が台湾を再植民地化しようとすれば武力行使すると宣言してきたが、それはもし台湾に敵性国家が出現すれば、国家の安全を著しく脅かされるからでもある。

逆に台湾を統一すれば、富強国家、より直接的には海洋強国に向けての最大の足場を確保することになる。まず海軍の外洋進出が自由に行なえるようになる。中国の沿海北側の渤海、黄海、東シナ海は朝鮮半島と日本の南西諸島に取り囲まれている。一方、南シナ海ではベトナム、フィリピンなどと領海をめぐる争いが続いている。したがって海軍の外洋進出には大きな制約があるが、台湾を抑えれば情勢は一変する。〝浮沈空母〟とも称される台湾を拠点に自由に太平洋に出ることができるし、中国海軍は東シナ海から南シナ海ににらみをきかすことが可能になる。中国は尖閣諸島を自国領土と主張し、周辺での海洋調査や軍艦の行動を活発化させているが、こうした日本への圧力は倍加するであろう。南シナ海でも軍事圧力の強化によって、東南アジア諸国とそれぞれ領土・領海争いを有利に展開しようとするであろう。これら二つの地域には、中国がもっとも必要としている豊富な海底油田が存在することは周知の事実である。中国が南シナ海の制海権を握れば、次のステップとしてインド洋を経て中東に到るオイル・レーンの構築と、その安全を確保するための海軍の進出も予想される。台湾は中国が海洋強国になるための生命線ともいえるのである。

しかし、いまの中国が台湾を統一して海洋強国となることは周辺国にとって必ずしも歓迎すべきことではないだろう。南シナ海の南沙諸島など領土、領海をめぐる周辺国との争いが続くなかで、中国はミスチーフ礁に鉄筋コンクリートの永久施設を構築するなど、既成事実を積み重ねて実効支配領域を広げようとしている。まず海洋調査船を派遣して地形や潮の流れを調査し、次に軍が島や海上に永久施設を構築してその地域の実効支配をめざすのがこれまでのパターンであった。中国が将来、尖閣諸島周辺などの東シナ海で似たような動きにでる可能性も排除できない。中国が近い将来に台湾を統一すれば、こうした動きに拍車がかかることも予想されるし、それを阻むこともさらに難しくなるであろう。

台湾海峡で大規模紛争が発生したり、緊張が恒常化することが、日本の安全保障にとって重大な影響を及ぼすことには冒頭で触れた。と同時に、中国がいまの共産党独裁体制を堅持したまま、富強国家、海洋強国をめざして台湾を統一することにも、日本をはじめとする中国の周辺国家は懸念を抱かざるをえないのである。台湾は中国が真の民主体制（言論・報道の自由擁護や野党の合法化、軍隊の国家化などによる）を確立しない限り統一には応じないとしているが、周辺国にとっても中国の動向はあまりに不透明である。平和統一にせよ武力統一にせよ、中台の統一が成れば東アジアのパワーバランスが大きく変わることは間違いない。台湾統一によって中国の版図は、（独立した外モンゴルを除き）史上最大であった一七世紀末から一八世紀の清王朝最盛期とほぼ並ぶことになる。江沢民が述べた「中華民族の偉大な復興」とは、このことを多分に意識しているように思われる。

清王朝の最盛期にはさらに朝鮮、琉球、ベトナム、ビルマ（現ミャンマー）、タイなどが朝貢していた。大陸の巨大帝国に対し臣下の礼をとることで自国の安全を期したのである。中国が台湾統一に成功すれば、似たような状況が生まれることも予想される。台湾と隣あわせの沖縄では、それでなくても維持が難しくなっている米軍基地の撤去要求が強まるだろう。在韓米軍についても同じことがいえる。米国の東アジアにおけるプレゼンスは次第に後退し、中国がとって替わるであろう。中国は現代世界を「一超大国（米国）、多強国家（ロシア、中国、EU＝欧州連合、日本）」と規定し、米国の覇権を削ぎ落とし、世界の多極化を促す外交戦略を展開中である。そうすることで自国のプレゼンスを拡大し、「地域大国から世界大国」に飛躍することをめざしている。台湾統一の成否はこうした中国の世界戦略の成否を左右する。まさに中台関係の将来が二一世紀の東アジア、ひいては世界を左右することになるのである。

日本人は台湾問題にもっと関心を

筆者が残念に思うのは、日本の将来にも大きくかかわるこの問題に対して、日本人や日本社会がそれ相応の関心を払ってこなかったことである。日本は台湾海峡両岸の中国大陸や台湾と歴史的、地理的にもっとも深いかかわりを持つ国でありながら、この地域の問題の重要性を直視してこなかった。日本では戦前に中国大陸で侵略戦争を行なった罪の意識から、特に七二年の日中国交回復後は中国共産党政権の主張に一方的に耳を傾ける風潮が強まった。「台湾は中国の内政問題であり、日本の内政干渉は許さない」との共産党政権の強固な姿勢に圧倒されたか、あるいは日本が日清戦争後、五〇年間にわたり台湾を植民地支配したことへの中国の怨念や反感に配慮したためか。ともあれ、日本の社会では台湾問題がタブー扱いされた時期が長い間続いた。複雑な歴史的、政治的経過に由来する精神的トラウマ、心理的コンプレックスに政治的プレッシャーが重なり、日本人はこの地域の問題を自分の目で見つめ、自分の頭で考えることを長い間、意識的、無意識的に拒んできたというのが、現実ではなかっただろうか。

一九八八年、李登輝が台湾総統に就任し民主化を進めはじめて以来、流れは少しずつ変わりだしてはいる。初の本省人（台湾人）総統となった李登輝が言論を自由化したことで、それまで蒋介石父子の外省人（中国大陸出身者）支配体制に抑圧されてきた台湾人口の八割強をしめる本省人が、自分たちの考えを自由に表現するようになった。九〇年代に入り、日本のマスメディアもこうした台湾の変化を積極的に報道しだした。八九年の天安門事件で、中国共産党政権が民主化や政治の腐敗一掃を求める学生や人民大衆を徹底弾圧したのとは対照的に、李登輝政権は台湾住民の熱い支持を背に半世紀続いた外省人支配体制を打破したのである。日本のマスコミや一般国民に、台湾びいきの感情が徐々に広がりだしたのも自然な流れであった。

しかし中国は李登輝総統の進める民主化や国際社会復帰をめざした外交の展開に対して「台湾独立の企て」と激しく反発し、中台関係は九〇年代半ばから何度も一触即発の危機を重ねてきた。李登輝総統が日本の植民地教育を受けながらも親日感情を隠さないことから、特に李登輝政権と日本との関係には猜疑心もあらわに非難、攻撃を繰り返した。曰く、「李登輝は日本を後ろ盾に台湾独立を画策している」、「日本は台湾の再植民地化を狙っている」等々。一方、日中関係の安定を最優先する日本政府、外務省の台湾問題への対応は日中国交正常化以来、常に腫れ物に触るかのようであった。

米国は九四年に経済関係閣僚の台湾訪問を解禁したが、日本は閣僚はもちろん高級事務官僚のそれさえ控えている。李登輝総統は在任中に非公式訪米を行なったが、日本はすでに総統を辞めて一民間人となった李登輝の訪日さえも受け入れを渋っている（二〇〇〇年末現在）。陳水扁新総統は小渕恵三首相の葬儀に張俊雄《ちょうしゅんゆう》総統府秘書長を派遣しようとして日本側から断られ、対日感情をかなり害したとも伝えられる。日本が議長国を務めた二〇〇〇年七月の沖縄サミット（先進国首脳会議）では、東アジア最大の〝火薬庫〟である台湾海峡情勢についての立場を声明に盛り込むことはおろか、議題にさえしなかった。政府・外務省のこうした腰の引けた対応が、日本人の目を台湾問題から遠ざける一因になっていることは否定できない事実であろう。

しかし、それだけの配慮をして日中関係は米中関係より良くなっただろうか。毛沢東は七二年に訪中した田中角栄首相に対して、「（周恩来首相との）喧嘩はもうすみましたか？　喧嘩をしなければ、解り合えませんよ」と語ったとされる。中国人の交渉は「討価還価《タオジャホアンジャ》」と称されることが多い。市場で売り手と買い手が値段の交渉をする際に、売り手はまず高い値段を吹っかけ、買い手はそれを値切り、かんかんがくがくの議論を繰り広げる過程でお互いに相手の本音、落としどころを読み、売買を成立させることをいう。中国との外交交渉もこれにかなり似ている。始めから相手（中国）の機嫌を損ねまいとばかりにへり下ってばかりいては、相手はなにか別の企みがあるのではないかとかえって不安になったり、あるいはもっと押せるのではないかと誤解する。昔の尊大な日本軍人のイメージが根強く残る中国人には、日本の行き過ぎた気配り外交はかえって疑いを招き、逆効果をもたらすことも少なくない。

九八年一一月の江沢民訪日時に、中国は小渕首相に台湾問題に関する「三つのノー（台湾独立、一中一台・二つの中国、主権国家で構成する国際機関への台湾参加の三つ、への不支持）」を約束させようと狙った。江沢民政権は同年六月に訪中したクリントン米大統領にこれを言わせることに成功していたから、日本もこれにならうと踏んでいた。しかし小渕首相は「一つの中国」の認識と「台湾独立不支持」は表明したが、それ以上のことは言わなかった。台湾を国際機関から排除して孤立感をかきたてることは、台湾はもちろん国際社会にとってプラスにならないから、この決断は正しかった。日中国交正常化以来、日本の歴代首相のなかで、中国に明確に「ノー」の意思を示したのはこれが初めてといえよう。欧米メディアもこれを高く評価し、江沢民政権が高圧的な対日政策を再検討するきっかけともなった。よき前例ができたのである。ここから後退すべきではないだろう。

I

〈対談〉

台湾新政権誕生後の中台関係

丸山勝　*maruyama masaru*

山本勲　*yamamoto isao*

総統就任式で肩を並べて歩く陳水扁（右）と李登輝（二〇〇〇年五月二〇日。提供＝台湾行政院新聞局）

台湾問題への関心

台湾に陳水扁政権が成立したいま、われわれ日本人は台湾とどういう関係を持つべきかを考えてみたいと思います。まず、なぜ台湾問題に関心を持たれたのかということからうかがいたい。

丸山―― きっかけはしごく平凡で、一口に言えば、中国問題への関心の延長ということだったでしょうか。ずっと前は、台湾というと「ああ、蒋介石父子が独裁で牛耳っているところだ」くらいにしか思っていませんでした。中国については学生時代から関心があり、新聞社の北京駐在も経験したのですが、台湾に初めて行って記者として観察したのは、一九八八年の初めに蒋経国が亡くなった時の出張取材ですから、まだ一二、三年しか経っていません。その時は中台問題や台湾の民主化、台湾化に対する関心も、正直なところそんなに強くはなかった。それ以後、毎年二回とか三回とか往復している間、台湾は民主化が進行している時期でしたから、アポイントメントも簡単に取れ、相手も積極的にしゃべってくれた。日本語を話す人も多くて、アジアの国の中でも取材しやすいところでしたから、自然に足が向くようになりました。

実際に行ってみますと、チャイナ・ウォッチャーとして知らなかったことだらけでした。台湾人が本土意識をどんどん口にし始めた時期に当たっていた点で、話を聞く立場からすればラッキーだったと思います。自立を欲する彼らの主張はすんなり理解できたし、彼らのロジックにそんなに無理も感じなかった。一方の中国は、天安門事件を何とか乗り切って力をつけてきているのですが、もともとたくさんの矛盾をかかえていた民族問題や中国周縁との関係は、北京が「中華振興」を叫べば叫ぶほど、厄介な問題になりつつあります。スーパー・ネーション・ステートとも言うべき中国が、現代を平穏無事に生き延びていけるようにも思えず、台湾問題は東アジアのごく一部だけに限定できない大きな問題だと思うようになったわけです。

当面の関心事は、反体制運動から出発して政権を取るまでになった民主進歩党（民進党）です。新政府発足直前に藤原書店から出した『陳水扁の時代』のあとがきにも書いておきましたが、関心がそちらに向いたのには、かなり偶然の要素がありました。陳水扁と数年前に個人的な面識を得たことが

台湾問題は東アジアのごく一部だけに限定できない大きな問題だ　――丸山

一つ。もう一つは、日本では国民党についての関心は低くはなかったのに対して、民進党についてはさほどでなかったことです。台湾独立運動への精神的な支援をしてきた人は少なくはなかったんだけれども、結党以来の民進党そのものに対しては、研究をしている人もそんなに多くはないんです。台湾化の流れ、民主化の流れの中で民進党は一つの主流をなしていることは事実ですから、これは研究に値するテーマではないかと考えたのです。

もう一つ付け加えれば、民進党の主張に対する一種の共感です。自分たちの将来を決めることが否定されるのはやはりおかしいし、権威主義体制への批判も自然のことですからね。台湾化を体現する政党としての民進党は、おそらく台湾の将来を決めるであろうと思うようにもなりました。党員や幹部とつき合い、文献などを読むにつれて、この党には弱点も汚いところもあることがわかってきたのですが、純粋すぎないことも一つの魅力です。少し腰を据えて観察しようと思うようになり、新聞社を早めに辞めて一介の浪人として一年数か月ほど台北に住み、記者生活の延長のようなつもりで台湾を体験してきました。

山本——私の場合は、子供のころから中国の歴史物語が好きで、『三国史』や『水滸伝』を児童向けの文学全集で読んでいましたが、大学に入って国際関係を専攻し、その中でもアジア、とくに中国の勉強をはじめました。一九六〇年代後半のことでしたが、当時は文化大革命の真っ最中で、現代中国が『三国史』や『水滸伝』の世界をほうふっとさせたので興味を引かれたのが大きかった。そのころは中国イコール毛沢東の時代でしたから、まず『毛沢東選集』を読んだところ、なかでも軍事論文や哲学論文が非常に面白い。軍事論文は孫子の兵法の現代版であり、哲学論文はマルクス・レーニン主義と中国の伝統思想を融合した独特のものです。毛沢東の半生は戦争に明け暮れたわけで、毛沢東思想の原点は軍事論文にある。彼独自の哲学概念や思想のコアはこのなかにあると考えて何度も読み返しましたが、その戦いの主たる相手は蒋介石の国民党軍だった。一九六〇年代には、大陸での国共内戦に敗れた蒋介石・国民党政権が台湾に逃れて二十年がたっていましたが、宿命のライバルである蒋介石と毛沢東もまだ健在で、台湾海峡を隔てて対峙していた。書物から学ぶ歴史と現実が重なって、中国と台湾の関係に関心が広がっていったということがあります。

七一年に新聞社に入り、外報部に配属になって四ヵ月後に衝撃的なキッシンジャーの秘密訪中があり、台湾は国連脱退をよぎなくされた。当時の台湾の外交部長、周書楷が無念やるかたない表情で国連の会議場を去る姿は印象的でした。そんなわけで台湾問題への関心はかなり前からありました。

だから八三年に新聞社の特派員として北京に赴任した際には、中台関係の深層を探りたいと思いましたが、中国当局のこの問題に対するガードはものすごく堅かった。当時、中国は改革・開放政策を始めていましたが、台湾とは民間交流すらなく、この方面では冷戦時代のスパイ小説さながらの緊迫した空気が漂っていました。

しかし北京での三年半の駐在が私の台湾への関心をさらに深めることになりました。私が中国の指導者の中で尊敬していた胡耀邦総書記が民主化のための政治改革をやろうとして失脚し、帰国後に天

毛沢東の半生は戦争に明け暮れたわけで、毛沢東思想の原点は軍事論文にある。——山本

安門事件が起きた。漢民族の世界では民主化をするのは非常に難しいということを身にしみて痛感していたところに、台湾に李登輝総統がでて、民主化をはじめだした。これは歴史を画する試みだと注目しました。たまたま私は九二年に香港に赴任を命ぜられ、当時の日本の新聞社は産経以外は台北に支局がなかったせいもあり、台湾に足しげく出張し、台湾政治や中国との関係をメインに取材することになりました。

そういうなかで、九二、三年くらいから、中国の過去の秘密にしていた歴史が情報統制の緩和もあって少しずつ明らかになってきた。私の北京時代には秘密のベールにおおわれていた一九五〇年代から八〇年代にかけての共産党と国民党の水面下の駆け引き、内幕がだんだん見えるようになってきた。これらは私の本、『中台関係史』(一九九九年、藤原書店)にも信頼性の高いものをもりこみました。中台関係はきわめて複雑で、外国人にとっては非常に理解が難しいわけですが、過去がみえれば現状理解や将来を展望する大きなてがかりになると考えたからです。ところが、九〇年代なかばから、中国では江沢民政権が愛国主義を鼓吹しながら軍拡に拍車をかけだした。一方の李登輝政権は台湾の自立化をどんどん進めて双方の対立が激化していく。過去の共産党と国民党の攻防というのは、全部戦争で決着しているわけです。政治的に、話し合いで解決したことは一度もないんです。香港から中国と台湾を眺めていて、やはりこれは大変な問題であると考えてこの問題に傾斜していったということです。

中台問題とは何か

■「中台問題」そのものについて、その歴史を含めてお話しいただけますか。

山本――かいつまんで言いますと、中台問題というのは、蒋介石・蒋経国の時代までは中国大陸における国民党と共産党の内戦の延長だったわけです。蒋介石率いる国民党と毛沢東の共産党は一九二〇年代から中国大陸で覇権争いを続け、敗れた蒋介石は四九年に台湾に逃れてからも「大陸反攻」の夢を死ぬまで棄てなかった。息子の蒋経国の時代にはさすがに大陸反攻は無理だということになりましたが、いつの日か大陸と台湾が一緒になって中国統一を達成するという原理、原則は変わらなかった。それはですから、一つの中国人国家における二つの政治集団、中国共産党と中国国民党の間の統治権というか覇権というか、をめぐる闘争であった。

ところが蒋経国の死後、台湾の人口の八割以上をしめる本省人（台湾に日本の植民地統治以前から住んでいた福建系の中国人と客家、俗にいう台湾人）の一人である李登輝が総統に就任した後は、徐々に中国人対台湾

過去の共産党と国民党の攻防は、全部戦争で決着している。政治的に、話し合いで解決したことは一度もない。――山本

人の国家主権を懸けた争いに変化していった。李登輝は、総統在任期の前半はこのへんをあいまいに処理したんです。当時はまだ蒋介石父子時代の支配階級だった外省人（中国大陸出身者）が優位をしめていたためです。だから李登輝は初めは蒋介石父子の路線を継承して「一つの中国」（大陸と台湾は同じ一つの中国に属するとの意）を言いながら、片方で民主化を通じて徐々に政治・社会の台湾化を進めていき、九三年春に完全に台湾の政治の実権をにぎってからは「一つの中国」を言わなくなった。九九年七月には、中国と台湾は「特殊な国と国の関係」と言い切るところまでいったわけです。これは一般に李登輝「二国論」と呼ばれています。

「李登輝路線の継承」を掲げて新総統になった陳水扁の場合は野党だったものですから、さらに明確に台湾独立を求めてきたわけですが、両者に共通するのは、「台湾人のことは自分たち台湾人が決めるんだ」という自決主義です。その点では李登輝と陳水扁には溝はないと思います。

九〇年代に明確になってきた台湾側のこうした主張に対して、中国の方はこうした変化は一切認めない。中国側は、台湾問題というのは依然として国共内戦の延長である。台湾は中国固有の領土であり、中華人民共和国の一つの省である。その前提を崩す動きは武力を行使してでも阻止するし、香港、マカオの主権を回復した以上、今度は台湾の早期統一に全力をあげる、と宣言している。台湾は中国からの分離、独立志向を鮮明にする一方、中国は早期統一をめざし始めたわけで、お互いの主張は真っ向から対立しています。対応を誤れば台湾海峡で中国と台湾、さらには日米を巻き込んだ大規模戦争が起こりかねないわけです。

アメリカは国内法である台湾関係法で「台湾の平和と安定はアメリカの安全保障上の利益である」

ことを明確にうたい、日本はそのアメリカと軍事同盟関係にあります。しかもこの地域は日本が石油など重要物資を調達するシーレーンが通っています。この地域の動向は日本の死命を左右するほど重要なのです。

丸山――　中台問題には、二つの基本的なポイントがあると思います。一つは、中華民族の政治的ビヘイビアにかかわることです。中国はやろうと思えば国際的にどんなに問題になっても必ずやり抜く民族だ、という議論があります。例えばルシアン・パイは『エイジアン・パワー』（上下、園田茂人訳、大修館書店）の中で、この民族は文化的統一を守るためにはどんなリスクとコストでもかけるのであり、それが中華民族のビヘイビアだ、としている。台湾が何を言おうと、中国は絶対に「民族の意志」を通すんだというのです。

もう一つのポイントは、冷戦後の世界では、ネーション・ステートが分解を始めた場所が増えていることです。旧ユーゴスラビアだとか、東ティモールだとか、チェチェンだとか、他にもたくさんそういう例がある。台湾の場合は、少数民族が多数民族から分離していく例ではない。しかし政治的なマイノリティが政治的な欲求を遠慮せずに口にするようになり、現実にその欲求が実現する可能性が出てきている例ではあります。

前者については、ここで結論を出すようなことではないと思いますけれども、台湾が一九世紀末に

対応を誤れば台湾海峡で中国と台湾、さらには日米を巻き込んだ大規模戦争が起こりかねないわけです。――山本

日本という当時の列強によって中国から強奪されたことが事実であっても、それからすでに百年以上が経ち、国家と国家の関係が何回も根本から組み替えられたいま、中国がどんな方法を使ってでも台湾を統一することが、無条件で正当化されるわけではないでしょう。言い換えれば、「一つの中国」という原則が、台湾がどうしても守らなければいけない原則なのかは、疑問だということです。中国と台湾双方の経済的な福利、民主主義を達成する手だてとして、「一つの中国」以外の方式があってはならないとは言い切れない。近隣国の安全保障も当然絡んできますから、武力を行使して台湾を統一することが、国際関係上全く問題なく正当化されるわけではないことは当然です。

第二のポイントについては、ここ一、二年の台湾の新聞でも「第四世界」という言葉を使って、東ティモールやチェチェンの問題を扱っています。ポスト冷戦時代に台湾が生存してゆくモデルを探している兆候でしょう。台湾人にも台湾人固有の利害が発生していますから、他民族に奪われたものを元に戻すのは当然だといった中国流の単純な議論では、納得できるわけがない。日本統治時代以降、いや見方によってはそれよりも前から、伝統的中華社会とは異なる近代社会というものを体験してきた台湾人の欲求は、やはり認められないとおかしいのではないか。それは「一つの中国」という原則以上に根源的な欲求だからです。

李登輝と陳水扁の共通点・相違点

■陳水扁が二〇〇〇年五月二〇日に台湾の総統に就任しました。方向性や構図がどのようにに変わるでしょうか。

山本――　アメリカは陳水扁が総統に当選するということを、数年前から悪夢のように恐れていました。陳水扁は、住民投票（公民投票と台湾ではいいますけれども）で台湾の独立を決すべきである、ということを明確に主張していた独立主義者の中でも急進的な部類に属する、というのがアメリカの認識でした。中国はかねて台湾が独立を宣言すれば武力を行使すると言ってきたので、陳水扁政権の誕生、即ち中台戦争と恐れたわけです。

だから陳水扁の当選を望まなかったし、もし当選した場合には戦争が起きないようにどうするかということを常に考えていた。しかし陳水扁自身も弁護士をやっていた人で、彼自身の根っこのところはもちろん変わらないけれども、表現においてはフレキシブルな姿勢をとりうる。法廷闘争に勝った

伝統的中華社会とは異なる近代社会を体験してきた台湾人の欲求は、やはり認められないとおかしい。――丸山

めにもいろんな戦略・戦術を磨いてきたでしょうし、現に総統当選後はかつての台湾独立の主張を大幅にトーンダウンさせている。陳水扁は五月二〇日の総統就任演説を前に、「アメリカが満足し、中国は不満でも、少なくとも彼らに武力行使の口実を与えない内容にする」と語っていましたが、事実その通りの演説をしました。だからとりあえずいま、中台関係は危機的状況にはきていません。

陳水扁という人物は、こういう柔軟で現実的な側面と、誰がなんといおうと自分の考えを押し通す強固な側面の両方を備えています。後者の例では、九〇年代半ばから民進党内に国民党との連立政権に参加すべきとの声が強まりだしたのですが、彼は日本の社会党の例を持ち出して断固反対を貫きました。民進党が総統選に勝ち、自分たちが主導権を握って国民党と連立するならいいが、その逆は絶対ダメという主張で、当時は前途遼遠と思えたことを今回実現してしまったわけです。たしかに当時、国民党政権に民進党の有力者が入閣していれば金権政治に染まり、今回の勝利はなかったでしょう。目先の戦略、戦術面には柔軟であっても、根っこというか、原理、原則にかかわることではかなり芯の強い人物なのではないでしょうか。総統選投票日の直前になって、奇美実業の許文龍という、李登輝とも非常に近い有力企業家が、李登輝路線の本当の継承者は陳水扁であるといいました。これでかなりの李登輝支持者の票が陳水扁に流れたんです。それはなぜかというと、暗黙のうちにみんなそうだろうという認識があった。李登輝は「台湾の中華民国を守る」と言い、陳水扁は「台湾独立」を唱えてきたわけですが、それは与野党の立場の違いからくるアプローチの差であって、台湾人が自分たちで自分たちの将来を決め、自分たちで台湾の運営をしていきたいという、そこが一番のコアだと思うんです。そこにおいては李登輝も陳水扁もなんの違いもない。

李登輝はかつて司馬遼太郎との対談で、台湾人というのは過去四百年間、自分のことを自分で決められないという悲哀の中を生きてきた。そこから私は台湾人を解放したい、と言った。これは陳水扁においても同じだと思います。台湾南部の極貧家庭に生まれ、刻苦奮闘して総統になった。とくに南部というのは、大陸に対して非常に隔絶した意識がありますから、そういうところで生まれ、育ち、思想形成した人が、李登輝の強烈な台湾人意識を継承してるということはまちがいないし、対中路線の根本は変わらない。

しかも陳水扁は柔軟な表現力をもっていますから、中台戦争を回避するためにも李登輝時代の対中政策のラインに戻った。つまり急進独立路線から独立状態の台湾の現状を維持するというラインに戻ったわけです。ですから、政権交替による質的な大きな路線転換はないと思います。ただし、根っこは強固な台湾自決主義者ですから、総統に就任して半年、一年と時間が経つなかで、段階的に台湾化というものを政治・教育・文化など、いろんな面でさらに進めていくことになるのではないでしょうか。

丸山――　基本的にはその通りだと思います。ただ、中台関係を少しでも建設的な方向に進めようとしたら、やはり何か出発点になるような中台に共通した認識が必要です。これまでは、それがいわゆる「一つの中国」だったわけです。「台湾人の台湾」という点では、李登輝も陳水扁も同じであることは確かなんですが、中国を相手にする場合、どんな基本理念を出発点にするかでは、やはり従来

陳水扁は、柔軟で現実的な側面と、誰がなんといおうと自分の考えを押し通す強固な側面の両方を備えている。――山本

と異なってくるでしょう。

李登輝は国民党の主席でしたから、国民党が長らく受け継いできたドグマである「統一」を原則に据えることは、曲がりなりにも受け入れることができた。中身は台湾の自立であっても、とりあえず「一つの中国」を看板に掲げておくこと自体には、さしたる問題はなかった。ところが民進党の場合は、もともと民主化運動を出自とする政党で、外省人による恣意的な台湾人支配はいけないというところが出発点ですから、「一つの中国」を原則にするわけがない。李登輝の場合は「一つの中国」を原則にすることはできても、陳水扁はむずかしいのです。

「一つの中国」には、これという決定版があるわけではありません。あいまいで、柔軟に解釈できます。その点が国民党にとっては便利なスローガンだったわけで、これまではそのあいまいさと柔軟性をうまく運用してこられた。ところがここから先は、民進党から立候補して当選した総統がリーダーになった以上、その種のあいまいさによりかかることは、基本的にはできない。陳水扁がいずれ独自の中国政策の基本線を徐々に出してくる過程で、そこのところで中国との間にフリクションが起きて、険悪なことになる可能性はかなりあります。

それからもう一つ、民進党はもともと中国問題については経験が少なく、理解も浅かった。中国情報は全部国民党が独占してきたし、そのことを国民党は政党としての優位を維持する手段として使ってもきましたから、民進党に中国問題の専門家も中国とのチャンネルもないに等しかったのは当然です。ですから民進党の中国政策はかなり低いレベルから出発せざるを得ません。しがらみが少なければかえって新しい可能性を提示することができるのだと強弁することもできますが、現実にはこれはやはり大きなハンディキャップです。

これまでの台湾は、いわば国民党が永遠に与党であるということを前提にしたような政治体制をとってきました。ところが李登輝自身の民主化によって多党体制が定着したことで、国民党支配は永続するのだという前提が保てなくなり、ついには国民党は野に下った。その結果、あらゆる資源に乏しい民進党が与党になりましたから、中台関係も従来の国民党と共産党のコンセンサスよりも少し戻ったところから出発せざるを得ません。民進党が「一つの中国」という原則を受け入れるのかどうか、中国がしきりに確認を迫るようなことを言っているのはそのためです。

民進党は自立指向を党の支持基盤にしてきましたから、中国があれこれせっつくからといって、国民党が理解してきたような内容の「一つの中国」をそのまま引き継ぎ、それを中台対話の出発点にするというわけにはいかない。国民党の台湾支配を前提にし、共産党と国民党という体質がよく似た政党同士の問題として処理され、台湾の場合「国民党に任せておけばよい」こととされてきた中台関係の図式が、重要な部分で崩れてしまうことは避けられないでしょう。この点、山本さんには異論があるかもしれません。

李登輝の場合は「一つの中国」を原則にすることはできても、陳水扁はむずかしいのです。——丸山

何がどう変わるのか

山本―― 国民党から民進党への政権移行の意味は、中国共産党のいう「台湾問題というのは国共内戦の延長である」という論拠に異議を申し立てる象徴的な出来事と言えるでしょう。それによって中台関係が、中国のいう中国人同士の内政問題というとらえ方に対して、中国人と台湾人という構図が鮮明に出てきた、これが大きな変化です。

蒋介石政権が中国大陸から台湾に持ち込んだ制度や、それによって形成された旧来の中国的習慣、アイデンティティーがこれからどんどん消え、台湾型の制度、アイデンティティーがこれに替わっていくことが予想されます。例えば蒋介石政権は大陸時代に総統を選出し、憲法を制定、修正する国民大会という国家の最高機関を設け、台湾に持ち込みました。しかし総統は民選に変わり、憲法を含めた立法機能は立法院に集中することになり、四月に国民大会の非常設化が決まりました。いずれ全廃されるでしょう。孫文の時代以来の五院（行政・立法・司法・考試・監察）制も簡素化し、陳水扁はアメリカ型三権分立制への移行をめざしています。李登輝は中国国民党という党名変更も検討すべき、と言っています。

大陸に由来する政権の残滓のようなものがどんどん台湾において消えていくということ、これが一番大きなことだと思います。李登輝という国民党の主席が総統の時代は、彼は過渡期的なことをやったわけですが、やはり自分で自分の足を食うようなことには限界がある。しかし陳水扁の場合は民進党が台湾で生まれた土着の政党ですから、台湾化を李登輝以上に進めていく余地がある。中国は台湾がますます独立に傾斜していくとみて警戒心をさらに強めるでしょう。陳水扁の狙いは政治や社会の台湾化ですが、中国の警戒・反対との綱引きの中でいろんな駆け引きがなされ、緊張も高まるでしょう。陳水扁がアメリカ型三権分立制をめざすなら、いずれ憲法の全面改正か新憲法の制定が不可避となりますが、中国がこれを新国家の建国（台湾独立）とみなす可能性はおおいにありえます。

陳水扁政権でもうひとつ注目されるのは、国民党の党営事業の膨大な資産にどう手をつけていくかという点です。これは主に植民地統治時代の日本の資産が、蒋介石の時代に国民党の党営事業に転化したわけです。この党営事業はいろんな見方がありますが、台湾元で六〇〇〇億元、日本円でいうと二兆円ぐらいの総資産をもっている。これは台湾の政治の腐敗の原因にもなり、特権政治の象徴でもあったわけです。買票《マイピャオ》といわれる選挙の票の買収の一番の財源になっていました。こういう弊害を国民党政権はまったく処理できなかった。陳水扁はこれからはかなりやっていくでしょう。ものによっては国に返せとか、あるいは民間に払い下げるべきとか、いろんな動きがでてくるでしょう。これは台湾の政治・経済にいろんな変化をもたらすはずです。

中台関係が、中国のいう中国人同士の内政問題というとらえ方に対して、中国人と台湾人という構図が鮮明に出てきた。——山本

丸山―― 先ほど言ったように、これまでの台湾は国民党支配を前提にした体制でしたから、国民党がよしとしたことは何でも肯定されました。その一つがいま山本さんが挙げた党資産の問題であり、またいわゆる「黒い金」の問題です。そうしたことは社会悪だとわかっていても是認され、李登輝政権下でむしろ助長された。こうした社会悪の根源を遡れば、中国流の政治・社会文化に根ざしたものだということがわかります。政党が資産を持ち企業を経営するようなことは、他の国では考えられないシステムなのですが、中国では一九四九年までの国民党時代もその後の共産党時代も、当たり前にまかり通った。そうした独特の政治文化を、国民党がそっくり台湾に持ち込んだのです。

国民党と出自が全く異なり、中国渡来のものへの未練などない民進党が政権を握った台湾は、そういう中国伝統の政治・社会文化から多かれ少なかれ訣別してゆくでしょう。一口に言えば「台湾化」ですが、単に担い手が中国人から台湾人にとって代わるということだけでは終わらないはずです。国民党が持ち込んだ中国流の政治社会システムを次々にぶち壊してゆくというラディカルなことになるわけで、民進党が本気でやるとしたら、それがいろいろな局面に出てくると思います。

例えば政権交代以来問題になってきた第四号原発の問題でもそうです。国民党支配下の台湾では、原発は大いにつくり、国力を強め、中国に対して抵抗力をつけようということだった。ところが民進党は全然違い、環境保護という立場に立って、「原発反対」を党の綱領に書き込んでいる。民進党が政権についたいま、建前通りにするかどうかが問題になっています。民進党は与党になった以上、エネルギー事情を考えねばならず、建設中の第四号原発もあっさりやめてしまうわけにはいきません。この種の民進党にとっての矛盾は、ほかにも出てくるでしょう。

陳水扁という人物

丸山――　与党になった民進党については、基本的な部分で外部に誤解があったと思われます。その大部分は、たぶん民進党が台湾独立をめざす過激な政党だという認識に根ざした誤解でしょう。アメリカが陳水扁政権を心配するのも中国が懸念するのも、かなりの部分がそういう誤解から始まっているのではないでしょうか。

民進党は、中国で天安門事件が起きてから間もない九一年に採択された党綱領で、「公民投票によって独立自主の台湾共和国を打ち立てるか否かを決定する」とうたったために、「台湾の独立を主張する政党」だと理解されがちですが、中国や外国が何と言おうとも独立を目指す、という政党ではありません。この党はいわば民主化勢力の連合体ですから、すべてが台湾独立に収斂するということではなく、具体的な政策については派閥や人によって、かなりアプローチが違います。中台問題に関しても、山本さんが言う通り陳水扁は党内ではむしろ保守派と言った方がいいくらいで、出身は下層であって

民進党は、中国や外国が何と言おうとも独立を目指す、という政党ではありません。――丸山

も中産階級としての体質を持つエリートです。中産階級への入り口にさしかかったところで政界に入っていった経歴の持ち主ですから、グラスルーツの素朴な心情をそのまま政治に持ち込む気はないようで、そのことに批判もあるくらいです。

中国は、当面陳水扁に対する観察期間中は「彼が何を言うかを聞き、何をするかを見る」と言っていますが、それは誤解があったかもしれないと思い直した兆候かもしれません。このことは民進党にとってもっけの幸いです。陳水扁は選挙運動中に「中台関係の行き詰まりは国民党では打開できない。なぜなら長年の国共両党間のしがらみがあるからだ」と言っています。民進党にはそういうしがらみがなく、白紙の状態だからより柔軟に対応できるというのです。民進党政権に変わったからといって中台関係も一から出直すわけではありませんから、現実にはそんなうまい具合にはいかないでしょうが、共産党と面と向かって憎悪し合い、戦火を交えた国民党よりやりやすい面があるかもしれない。ただ中国側に民進党への猜疑心や誤解があるのは厄介ですが。

アメリカにもある種の誤解があったようです。陳水扁が当選した直後にアメリカの元下院議員が台湾に行って彼に会った時、「彼は案外よくできた弁護士だ」と言ったと、アメリカの新聞が報道していました。陳水扁はゴリゴリの独立派だと思っていたが、リーズナブルでなかなかつきあえる相手だと認識を改めたので、こういう発言になったのでしょう。陳水扁政権がすべり出し好調だと言われたのは、過激派だという誤解が解けたからでもあります。彼にはそういう得な面はあるけれども、だからといって国民党より有利だということにはならない。そこのところを注意せねばいけないと思います。

山本――丸山さんが言われたとおり、陳水扁が穏健か急進的かというのは、民進党の中の立場によっても受けとめ方が違う。民進党には四つの有力派閥がありますが、それぞれ違います。最大派閥だった美麗島という穏健独立派から見ると、陳水扁は非常に過激であるということになり、アメリカもそう受けとめました。しかし陳水扁の中台問題に関する発言というのは、過去をさかのぼってみても、必ずしも一貫した体系的なものはないんです。

丸山——　そうですね。

山本——　陳水扁の主張で一つだけ明確なのは、公民（住民）投票によって物事を決するというところで、例えば独立か統一かを含め、台湾の内政問題についても、公民投票で決めるということに対する志向だけは非常に強い。民進党が勃興した時代の台湾独立意識の非常に強い社会的気分のなかで公民投票をやれば、独立すべきということになったでしょうが、台湾社会がこれから成熟化していけば、公民投票というものは非常にバランスのとれた結果をだすようになる可能性もある。公民投票をやるということは、便利なやり方であって、全体のコンセンサスが独立だというときには独立にいくけれども、現状維持が多数派になれば、陳水扁は全体のコンセンサスがこうだからといって軌道修正できるわけです。

「一つの中国」の問題についても、陳水扁はいずれ国民の民意を問うような場を設けるでしょう。そのなかで大陸政策を全体の民意として収斂させていけば、彼がかつて「台湾独立万々歳」といったと

陳水扁が穏健か急進的かというのは、民進党の中の立場によっても受けとめ方が違う。——山本

しても、全体のコンセンサスがこうだからといえば、陳水扁に投票した急進独立派の人たちも、ある程度受け入れざるをえなくなるということはある。

丸山――公民投票は陳水扁にとって二つの面があります。民進党はもともとグラスルーツ政党だったから、最終的には民意に戻ってゆかざるを得ないという面と、党に具体的な政策の持ち合わせがないから何かというと民意を金科玉条にしたがる、という面の二つです。後者は一種のポピュリズムだという意味で危険です。リーダーシップも戦略もないから公民投票に政策の根拠を求めるというのでは、代議制政治の執政党としてはいかがなものでしょうか。先ほど話に出た第四号原発問題にも住民投票で決めようという案があり、それに対する反対が、党内でもすでに出てきている。党の綱領に書いてあるのだから公民投票に訴える必要はないという議論がそれです。こういうところは民進党政権の弱点でしょう。

中台問題のように台湾の存亡にかかわることで、「最終決定は民意次第」と「民意」にゲタをあずけるのは、一見民主的なやり方のように見えますが、リーダーシップが発揮できず、戦略の持ち合わせもないための逃げの手段だとしたら、結局は北京に足もとを見られてしまうでしょう。

山本――台湾の軍隊というのは前は国民党の軍隊で、党営事業とも絡み、いろんなところで腐敗の温床になっていた。軍隊が特権を濫用し、金を自分らの懐に入れるというようなことに対し、陳水扁は立法委員時代に勇敢に戦った。これが彼の人気が高まった出発点で、ほとんどの台湾人が拍手喝采したということはありますね。

丸山――しかし中国は陳水扁に関して、こういう政治家でこういう理念と政策を持った人物だといった定まった理解は、おそらくまだないと思います。

山本――おそらく台湾の人たちもわからないところがあると思います。

丸山――そうだと思いますよ。だから中国はいま陳水扁を「観察」しながら勉強中なんです。いまのところ、これだけはやってもらっては困るということだけ声高に叫んでいる。中国が選挙戦の終盤に「新台湾白書」を発表して、陳水扁の当選をじゃまするようなことをしましたが、要するに台湾独立だけは許容できないということ、「一つの中国」の認否をいつまでも棚上げしてはおけないのだということを念押ししたのです。陳水扁総統には反対だということだけではなくて、ここから先に踏み出してはダメだよと、ボトムラインを引いたのでしょう。陳水扁が当選したいまは、否応なしに彼を対話の相手に想定せざるを得ないわけですから、ボトムラインをもっと引き上げて注文をつけるのを控えている、というだけです。

陳水扁は一九九一年に立法委員の訪問団の一員として中国に入国しようとして、拒否されたことがあります。市長時代にも、都市外交の一環としてインドに行こうとしたら、インド政府がビザを出さなかった。どうやら中国の差し金だったようです。中国の陳水扁に対する理解は、やはりごくステレオタイプの、「台湾独立万歳を叫ぶ危険な政党の代表」というレベルにとどまっていたんでしょう。だから、とりあえずはウォッチするしかないですね。

リーダーシップも戦略もないから公民投票に政策の根拠を求めるというのでは、いかがなものでしょうか。――丸山

総統就任演説を読んで

山本――　五月二十日の総統就任演説は台湾内とアメリカ、中国に目配りした練りに練った内容になっています。冒頭で「台湾は立ち上がった」と三回も連呼したのは、毛沢東が新中国の建国宣言で「中国人民は立ち上がった」と言ったことを思いおこさせる発言で、彼に投票した独立派の人々には、台湾は新国家になったんだよ、とシグナルを送っているようにも感じられます。少なくとも、独立派には心地よいフレーズです。続いて新政権が腐敗ややくざ組織の政治進出を一掃し、全民のためのクリーンな政治をめざすこと、行政の簡素化、地方への権限移管を進めるなどの政治・行政改革を進めることを明確に打ち出しました。ここが陳水扁がもっとも力を入れるところになるはずです。

対中政策では、中国が台湾を武力攻撃する意図をもたない限り、独立宣言や国名の変更、二国論の憲法盛り込み、独立の意思を問う公民（住民）投票、国家統一綱領の廃止の五つをやらない、と公約しました。これでアメリカは安心し、中国はひとまず矛を収めました。しかし、中国が求める「一つの中国」を受け入れることはせず、「将来の一つの中国の問題を共同で処理したい」と応じました。一見、表現は柔らかいが筋金が入っています。相手が武力行使を考えれば、その時点で独立宣言すると間接的に言っているわけだし、「一つの中国」を「問題」に置き換えて、暗にこれを否定している。人権擁護を切り口に国際参加をめざしたのも、アメリカは喜んだでしょう。なかなかの戦略家といえます。

丸山――「一つの中国」に関する限り、陳水扁の就任演説はこれまでの立場から半歩も踏み出していません。「将来共同で処理すべき問題」だと突き放しているだけですから。就任の前から「演説に過大な期待をしてもらっては困る」とか、「長く解けなかった問題が一回の演説で解決できるはずはない」とか、いろいろ予防線を張っていました。ただ、江沢民政権下で経済が目覚しく発展したというようなことにわざわざ言及して、和解のオブラートにくるむような工夫はしています。ここらあたりが精一杯だったんでしょうね。

中国はもちろん演説の内容に満足であるはずがない。共産党と政府の声明でも、「いかなる形式の祖国分裂のたくらみも許さない」と繰り返していて、陳水扁イコール独立主義者という認識も変えていないようです。ただ、「人事往来や各種の交流は大いに進める」というようなことも言っている。香港紙の報道や中国の学者のコメントなどを見ても、「満足ではないが我慢の範囲内」ということのようで、思ったよりもソフトな反応です。中国がむしろ警戒しているのは、演説が「人権外交」にかなりウェイトを置いていることではないか。中台関係に触れた部分は演説の七分の一ほどで、人権外交を進めるというくだりの後になっている。「人権」はアメリカ外交の柱ですから、アメリカを暗黙の後ろ盾にしながら対中対話を進める、ということでしょう。中台関係はこれまで以上に米中関係の中に深

総統就任演説は台湾内とアメリカ、中国に目配りした練りに練った内容になっています。

――山本

く組み込まれるかもしれず、そのようにすることがまた新政権の意図だと思われます。

陳水扁はどうやら対中対話を急いで前に進める気はないようです。ノーベル賞学者で首席顧問格の李遠哲が主宰するという超党派の中国政策諮問グループの発足も思ったより遅れるようだし、二〇〇〇年中に「三通」実現の糸口がつかめれば上出来でしょう。じっくり慎重にという態度はわかるが、慎重すぎて物足りない感じはします。中国にしても、人気歌手の阿妹（張恵妹）が就任祝賀会で「中華民国国歌」を歌ったから中国国内での公演を差し止めるとか、陳水扁を「台湾の新指導者」としか呼ばないことにしたとか、大国としてはちょっと大人げない小細工をしているように見えます。

中国の台湾戦略

山本――　中国は毛沢東、鄧小平、江沢民と指導者が交替して、この間の台湾政策はどうかという問題については、表面の装いは次第にマイルドになってはきましたが、共産党の台湾統一戦略というのは根っこは一貫してる。原理・原則、路線というものは変わっていません。江沢民が九五年一月に打ち出した「八項目の平和統一提案」（第Ⅱ部第3章一三七ページ参照）でも、話し合いによる統一を呼び掛ける一方で、武力統一を排除していません。江提案の新味はかつてのように第三次国共合作による統一ということは出さないで、政党各派、各界との話し合いをはじめることができるといった点で、民進党とも話し合う余地を開いた程度の変わり方です。

丸山――　中国あるいは中国共産党の台湾問題に対する方針が一貫しているということは、硬直しているとも言えるわけです。どんなに客観情勢が変わっても基本的にアプローチは一つしかなく、それは結局は力だということになったら、対話も交渉も強者の論理でしか運べなくなってしまうでしょう。現実には、台湾と中国の関係のありようもかなり大きく変わっています。経済関係がきわめて密接になっただけでなく、現に台湾では国民党の権威主義体制が崩れ去るという重大な客観情勢の変化が起きたのですから。

中国は最近二年ほどは、台湾統一をこの先引き延ばすことはできない、もう長くは待てないと繰り返し言うようになっています。これなどはまさに、硬直したアプローチが変わっていないことを白状しているようなものです。お互いに期が熟すまで話し合い、時間もかけるのが平和解決のリーズナブルなやり方なのに、総統選挙前の「新台湾白書」では、統一を長く引き延ばすなら武力行使を辞さないとまで言っています。これなどを見ると、中国の台湾政策が客観情勢に必ずしもマッチしなくなっている一つの表れなのではないかと思わざるを得ません。

中国は政治的には「民族の願望」としての台湾統一を目指す一方で、経済的には「改革・開放」のスローガンのもとで台湾の経済力を呼び込もうとしていて、経済ではいわば共存共栄の融和路線を変

中国あるいは中国共産党の台湾問題に対する方針が一貫しているということは、硬直しているとも言えるわけです。――丸山

えていません。この二つの願望の間には、明らかに矛盾があります。世界貿易機関（WTO）に中台両方が加盟した後になって、こうした矛盾を放置できなくなりはしまいかと思います。

山本――江沢民と鄧小平の違いというのは、統一という問題に関する焦燥感といいますか、早く統一したいということと、もう一つは台湾の自立化が進み局面がどんどん変わっていくということに対するあせり、この両面があります。それから江沢民は自分の権力掌握中に台湾統一の基礎ができれば、毛沢東、鄧小平に続いて、共産党の歴史に名を残せるし、オールマイティな権力を掌握できるという、そういう野心もあったでしょう。

丸山――そういう意味では、中国の言う「統一」は、中華民族の念願というよりは政権の念願なのではないか。情報へのアクセスを確保している中国国内の知識人のコンセンサスが「台湾統一」なのかどうかは、いまのところ不明です。国内では自由な意思表示はできませんからね。

中国は、台湾が台湾人のものになる前に統一への糸口をつけようとしたのでしょうが、それはできませんでした。結局、政権を握らせたくなかった民進党が政権をとってしまった。一九九六年総統選挙の時のミサイル演習は、台湾の選挙民を「隠れ台湾独立派」であったはずの李登輝支持に走らせてしまって逆効果だったし、今回は言葉の威嚇をしたがそれもうまくいかなかった。総統選だけでも二回続けて失敗したことになります。中国の統一戦略はどこか重要な部分に誤りがあって、機能しなくなっていると考えざるを得ない。

もっとも、統一を促すためにはあるレベルの緊張が必要なのだと、中国は考えているのかもしれない。双方があまり融和的になってしまったら、台湾人も大陸中国人も、統一などに進まなくても現状でいいじゃないか、このまんまでいこうということになりかねないですから。それでは困るんで、中台間に一定の緊張を保つことは政権維持のためにも必要事なのです。

山本――中国共産党の歴史教育は、清末からの欧米列強の浸食によって中華民族は甚大な被害をこうむったと教えてきました。これを払拭して中華民族の栄光の時代を取り戻すべしとの意識は、知識人を含めてあります。これをあまり軽く見ると大変なことになるおそれがある。とくに九〇年代半ばからの江沢民の進めた愛国主義教育で、さらにそれが強まっています。だから若い人までが非常に過激なことをいう。

ですから国家の主権とか、民族の尊厳とかいうことに関しては、台湾には台湾の主張があり、中国には中国の論理があるということを頭に入れておかないと、単なるブラフだとばかりはいえない。台湾が独立宣言すれば、中国は公約通り武力を行使するでしょう。同じ中華民族のところが明確に分離・独立したということになれば、国内にはチベット、新疆も含め、いっぱい少数民族地域があるわけだから、中国がばらばらになるという恐怖感が彼らにある。そういう場合には、共産党政権はわれわれの考えられないような反応を示してきました。あの朝鮮戦争に参戦したこともそうだし、天安門事件のあの程度のことで軍隊を動員して徹底弾圧するとか。

これはやはり文化が違うというか、歴史の時代感覚が違うというか、つまりいま同じ現代世界に生

台湾が独立宣言すれば、中国は公約通り武力を行使するでしょう。――山本

きていても、中国人の意識のなかにはまだ「近代」の部分が根強く残っている。十九世紀末から二十世紀前半の帝国主義全盛から民族解放にいたる時代の意識がかなり残っている。西側諸国や台湾と中国の人々の意識にはまだ大きなギャップがあると思います。この点を軽視しないことが、東アジアの安定を維持していくには大事ではないかという気がします。

丸山――　ここ十数年来、中国共産党に対する一般民衆の信頼性が掘り崩されて、信頼性の危機に陥ったと言われます。それはたぶん事実でしょう。中国の枢要なポストにいる人までが現体制に疑問を持ち始めたとしか思えないような現象や、自分と家族の利益のために現体制をとことん利用するような事件が起きているからです。それは台湾にとって果たしていいことなのか。相手の体制が崩壊する兆候を見て、素朴に喜んだりしていてはいけないのでしょう。中国の体制はむしろ安定していた方が、北京の中枢がすべてマネージできる状態の方が、台湾問題を平和的にうまく進める可能性が高くなるからです。体制が危なくなると、指導者は台湾問題を持ち出して愛国感情に訴え、そこに不満を吸収させようとするかもしれません。

専門家の指摘を待つまでもなく、中国の社会は明らかに大きく変わってきています。経済情勢が変わり、社会状況も変わり、とくに青年層の意識が変わってきている。ところが、そういう変化に対する体制の適応能力に変調を来したのではないかと思わせるようなことが、頻繁に起きている。いい例が法輪功です。法輪功問題は中国の社会に瀰漫している不安の表現であるらしいのに、共産党の対応といえばただ押さえつけるだけです。新しい現象を古い方法で処理しようとしている。法輪功問題だけではなく、経済問題でもそうです。改革をやれば当然痛みを伴うわけで、ストライキも失業も増えることは避けられない。それが怖いから改革ペースを緩めるというのでは、宿弊は深まるばかりです。

このままで江沢民政権は、二〇〇二年に江沢民政権が一区切りした後の中国の社会主義体制は、大丈夫かと思わざるを得ない。かつてのソ連がそうであったように、社会主義体制下では危機を乗り切れる能力と勇気を持つエリートは、共産党員以外には存在しません。中国共産党はかつてのソ連共産党よりも若い組織だし、中国人独特の柔軟性も持ち合わせていますから、いざとなったら体制を内側から破壊してしまうリスクをあえて冒すような新しいリーダーが、そのうちに現れるかもしれない。いまのところはそのような兆しはありませんし、中国共産党の危機もそこまでは深まってはいないのかもしれませんが。

そういったあれこれを見て、台湾人の側は、やっぱりこっちのシステムの方が民主的で開放的で良いんだと、喜んでいる場合ではないでしょう。中国が国内問題の処理に追われて台湾どころではないうちは、台湾も一安心なのかもしれませんが、巨大な中国で指導陣が危機を管理できなくなったら、巨大で政治的な発言力もある中国軍の存在は、ますます無視できなくなります。中国軍には五〇年前に台湾を解放しそこなったという悔恨の念がいまだにあるらしく、軍の発言力が突出してきたら台湾も平穏無事で済むとは思えません。中台関係の将来は中国の内政問題と深くつながっていると思います。

山本――　これは後でふれようと思ったのですが、ついでだからいいますと、いまの江沢民政権

新しい現象を古い方法で処理しようとしている。法輪功問題だけではなく、経済問題でもそうです。――丸山

の台湾政策がこの一、二年のうちに大きく変わるということはありえない。江沢民の時代は八項目提案にもとづき「一つの中国」を前提にした政治交渉によって台湾統一を実現するという、この路線は変わらない。その次の世代にどうかといいますと、多少柔軟性は増しても原理・原則というのは、変わらないでしょう。だからもし、台湾問題へのアプローチが大きく変わるとすれば、やはり共産党政権そのものが質的に大きな変換を遂げるか、あるいは崩壊するかした時以外にはないでしょう。

ですからそういう厳しい現実をふまえた上で、戦争を起こさないようにするにはどうすべきかを考えるべきだと思います。日本でもアメリカ、台湾でも、すぐに中国は変わるという議論が開放政策が始まった八〇年代からずっとありました。たしかに外面の、物質的な変化はめざましいけれども、中国人のものの考え方や習慣、政治体制の変化が起こるまでには相当な時間的ズレがあります。あまり楽観的な、あまい見方はとらないほうがいいと思います。

一九八三年に私が北京に赴任した時に、当時、共産党の総書記だった胡耀邦は日本の幕末、明治維新のころの勉強をしていた。当時の中国の指導者は改革・開放政策に転換したばかりの中国を明治維新になぞらえていたわけです。だから一世紀のズレがある。日本はそれから殖産工業、富国強兵をやり、軍国主義に走り、敗戦後に民主国家になった。中国の開放政策が明治維新だとすると、その後の「生産四倍増」をスローガンとした近代化政策は富国です。この十二年間の軍事力の急速な拡充は強兵です。江沢民時代は、一言でいえば富国強兵をやったわけです。一方で、愛国主義を高揚した。このあとに何が来るかはわかりませんが、最近は「海洋強国」をめざすといって日本近海や太平洋などで海軍が活発に動いています。中国のこうした動きは、十九世紀末から二十世紀前半の日本を思わせる面がありません。時代が違うと簡単に片付けない方がいいと思います。

ありうべき中台コンセンサス

丸山――「一つの中国」、「平和統一、一国二制度」は譲れない原則だと、これまで中国は言ってきた。ところが最近流れた情報では、台湾との対話窓口の責任者である汪道涵が「一つの中国」のことを指して原則とは言わず、「主題」と言い始めたという説がありますし、江沢民が原則と言わずに「基礎」と言ったともいわれます。これは、中国が硬直して非現実的になったアプローチを再検討し始めた兆候かもしれません。一九九二年に香港でひとまずまとまった「一個中国、各自表述」、つまり「一つの中国」の中身は中台それぞれに解釈すればよく、その内容については一方の主張を他方に押しつけない、という両者間のコンセンサスが、果たして原則なのか、あるいは再度協議すべき議題なのか規定し直す可能性が、少しずつでも出てきたように見えます。

山本――九二年に中台双方の交流団体が「一個中国、各自表述」ということで合意し、この大

共産党の総書記だった胡耀邦は日本の幕末、明治維新のころの勉強をしていた。だから一世紀のズレがある。――山本

まかなコンセンサスをもとに民間交流拡大のための実務交渉を始めました。しかしお互いにこの合意に背く言動が九五年の李登輝訪米前後からめだち始め、特に九九年七月の李登輝「二国論」発言以降、話し合いのパイプは途絶えた状態になりました。陳水扁はこの李登輝発言支持をいち早く表明しています。

丸山――　先ほど言ったように、民進党は国民党と違い、「一つの中国」を中台間の「原則」と認めるのは困難です。「統一」は最終目標ではなく、せいぜいのところ選択肢の一つだというのが、民進党の理念ですから。陳水扁の就任演説でも「一つの中国」は「将来処理すべき問題」、言い換えればこれから議論すべき議題という扱いです。中国と対話のチャンネルをつないでゆくための、これが精一杯のサービスでしょう。

山本――　「議題として」といったのはいかにも弁護士出身らしい。

丸山――　そうです。陳水扁は「一つの中国」を議論するところから始めようとは言ったが、原則だとは認めなかった。中国はこれに不満を表明しましたが、陳水扁がこの線から後退することは、民進党員である以上無理です。「一つの中国」というコンセンサスについて、一度バックしてもう少し手前からやり直さなければなるまいと先ほど言ったのは、そういう意味です。ここのところで中国と台湾新政府との間に理解の違いがあることがはっきりしているのですから、バックして議論し直すほかないでしょう。

「一つの中国」は、条約のように中身があって、かっちりした約束ごとになっているというわけではない。香港合意にしても、文書化されたものではなく、双方が口頭で言っただけの、いわば呪文みたいなもので、呪文にこだわるあまり前進できないというのは不毛です。片一方が議題としてあらためて議論し直したいと言っている以上、そうする以外にないでしょう。

新しいコンセンサスにたどり着くまでにはある程度の時間がかかると思うし、それまでの間にもしかしたら小さい危機くらいは起きるかもしれない。陳水扁にとって中国問題の本当の第一歩はそこから始まるのです。大きいトラブルやフリクションなくコンセンサスを形成できるのか、そこがまず大問題です。陳水扁も彼のブレーンも、中国問題については「自信がある」と言っていますが、中国が強硬な態度はとらないという具体的な確証を新政府が得ているわけではないでしょうから、半分ぐらいは強がりで、宣伝のようなものかもしれません。

どこかに対話の糸口を探そうとする場合、「一つの中国」を主題とか基礎とかに言い換えるのも一つの方法かもしれないし、コンセンサスをまとめるよりもまず実務関係を先に進め、その中からコンセンサスをつくっていくという方法もあるかもしれない。既成事実を積み上げてから中台関係を規定していくのは中国には有利ではありませんし、これまでも中国はそれには消極的でしたから、簡単には応じないでしょう。しかし、経済関係のように相当進んでしまっている現状を双方が公認することなら、その気になりさえすれば容易です。

実務家タイプの陳水扁には、中台関係について想像力豊かに未来図を描くようなことはあまり期待

民進党は国民党と違い、「一つの中国」を中台間の「原則」と認めるのは困難です。――丸山

できませんが、実務関係、とくに経済関係を強める手だてを考え出すようなことなら得意のはずです。これまで国民党政権が拒否し続けてきた通商、通航、通信の自由化、いわゆる「三通」を、陳水扁はやりたがっていて、総統選挙でも、条件付きの三通促進を公約に掲げました。すでに進んでしまった現実からスタートするというのが彼のアプローチのようで、これは一つの方法かもしれない。あくまでも中国側が応じるかどうかによりますが、案外あるレベルまで一挙に進んでしまう可能性もないとはいえない。楽観的すぎるかもしれませんが。

山本——三通に関していうと、中国の主な狙いはやはり政治にあります。これを突破口に中台の経済的一体化を進め、なし崩し的に平和統一を果たそうというわけです。だから中国にとって統一に有利だと思えば「一つの中国」という前提抜きでも三通に応じる可能性があるし、「一つの中国」という原則をここで確認しておかないと相手を利するだけだと思ったら、それには乗らない可能性もある。この点は江沢民政権の戦略判断にかかっていますが、やはり「一つの中国」の前提抜きに、早期に三通が実現することはないでしょう。中国は無条件に三通を始めれば、中台が国と国の関係にあるとの台湾側の主張を受け入れることになりかねないと警戒するでしょうし、陳水扁が三通を検討するといったのは台湾の経済界の票を確保するための選挙対策のねらいが多分にあったからです。

丸山——「条件付き三通」の主張に選挙戦術の色合いがあったことは、その通りでしょう。ただ、この種の公約が空手形だったということになったら、利にさとい経済界やビジネスマンがすぐさま民進党離れを起こすことは目に見えています。そこのところは通常の浮動票とは違います。だから新政府は、たとえ恰好だけでも、本気で「三通」をやるんだという態度をしてみせないといけない。

中国が応じるかどうかは北京の情勢判断次第であることは当然ですが、これまで「三通」の実現を迫ってきたのは中国の方だったのですから、あまり難しい前提条件をつけるわけにもいかないんではないでしょうか。

それに最近の情報では、中国も陳水扁政権誕生という現実に調子を合わせようとしている気配があります。だから台湾側も、民進党流のドグマにとらわれるあまり、「一つの中国は認めない」といったことは言うべきではない。少なくとも怒ったふりをせざるを得ない状況に中国を追い込まないでほしいと、江沢民政権の中枢に近いところにいる学術界の人たちが言っているそうです。

山本――「一つの中国、各自表述」の合意は、李登輝発言によって決定的に壊れました。もともとこの合意には無理があった。九二年の秋に中台の交流団体の代表が香港で会談して合意したことになっていたが、合意を文書で確認、記録するという作業をしていない、いわば口約束でしかなかった。中国側は台湾に「一つの中国」の原則をのませようとし、台湾側は「一つの中国のもとに、中華人民共和国と中華民国という二つの対等の政治実体が存在する」ことを中国側に認めさせようとした。台湾は「一つの中国」のスローガンをかかげて、現実には〝二つの中国〟が存在することを認めさせようとしたわけですが、中国はもちろん受け入れられない。そこで「一つの中国」の意味する内容はお互いの解釈に任せ、ひとまず棚上げすることにした。

江沢民政権の戦略判断にかかっていますが、「一つの中国」の前提抜きに、早期に三通が実現することはないでしょう。――山本

中国側は後に李登輝が「一つの中国を堅持するとの合意を破った」と非難していますが、台湾側からすれば真理の半分でしかない。口約束の内容をお互いに都合のいいように解釈し、相手を非難するということは世の中ではよくあることでしょうが、もともと合意といえるほどのものがなかったから合意文書をかわせなかったということもできます。陳水扁は政権を引き継いだ後に、「アグリー・トゥ・ディスアグリー（立場の相違を認めあう）」の合意だったとの見解を表明していますが、当たらずといえども遠からずといったところでしょう。しかし、中台がもう一度話し合いのテーブルにつくには、九二年の時のような、お互いの面子と原理、原則に背かない、なんらかのコンセンサスを見いだすしかありません。

丸山――　そのためには、落としどころをどのへんにするのか、台湾側もまず意思統一しておく必要があります。陳水扁は、ノーベル賞学者の李遠哲が座長になって新設する超党派の中国政策グループを、そうした意思統一の場にしようとしている。つまり、民進党が九一年の台湾独立綱領でうたったような中国側が受け入れにくい原則からある程度自由なところで、陳水扁がフリーハンドを行使して新しい内部的コンセンサスをつくり出そうとしているんだと思います。中国政策に関するグラスルーツの民意にあたるものを探し当てることができれば、民進党にとっても重要な突破口になります。中国という巨大でしたたかな国が相手では、変わり身の早さがないと生き残れませんから。

問題は、国民党時代とも異なる新しいコンセンサスを強引にでもつくり上げられるような技術や力量や迫力が、陳水扁政権にあるのかどうかですが、そこのところはまだ何とも言えない。いま言った中国政策グループにしても、野党が乗り気でないので、いつ機能するようになるのか見通しが立たない。牽引車になるべき与党の民進党は、中国政策については相変わらず議論百出の域を出ていませんから、新しいコンセンサスづくりどころではありません。台湾でたった一人のノーベル賞学者である李遠哲には圧倒的な衆望という有力な武器がありますが、しょせんは学者ですから政治向きのことでできることには限界があるはずで、彼一人に頼りきりにするわけにはいかないでしょう。

山本―― 中国の交渉戦術は「討価還価《タオジャホアンジャ》」といって、まず相手に高い条件（値段）を突き付ける。相手も値切るための交渉をがんがんやる。そうやって徐々に落としどころを探るわけです。掛け値なしの売値ということは少ない。外交や政治交渉も似たところがあります。

中国は「一つの中国の原則のもとでないと話し合いはしない」と非常に硬い態度を示しているけれども、しかしまだこれからいろんなことがありうると思います。独立や「二つの中国」は受け入れないけれども、もう一度「一つの中国」の原則を柔軟に処理して対話を再開する可能性はあると思います。「討価還価」を重ねるなかで、新たな対話のチャンネルや方式をみつける可能性はあるでしょう。もっとも、売値と落としどころの差がどのくらいなのかの見極めは難しい。

丸山―― さっき言ったように、「一つの中国」というのは、あいまいで柔軟に運用できるところがミソなわけです。じゃあ、一つの中国というスローガン以外に、双方が都合よく自由に解釈でき、かつ柔軟にも運用できるという、そういう便利なスローガンがうまく見つかるかというと、ちょっと

国民党時代とも異なる新しいコンセンサスを強引にでもつくり上げられる技術や力量や迫力が、陳水扁政権にあるか。――丸山

わからない。結局は、「一つの中国」に戻るかもしれませんね。

リスク管理――アメリカの役割

山本――　暫定協定方式など、アメリカがいろいろ考えていることは、放っておけば大規模戦争になりかねない台湾海峡のリスクをどうやって管理するか、模索している段階ということでしょう。まだ名案はない。リスク管理のためには、まずこの地域の平和を維持している現在の複雑、高度なパワーバランスを急に崩さないことが大事だと思います。いまのパワーバランスがガラッと崩れるような時は一番危ない。紛争というか、戦争が起こりやすい。だからバランスをとにかく維持していく。中国の武力行使を防ぐためには、陳水扁政権が慎重に行動するということと、この地域の紛争というものは、たんに中台ばかりではなくて、日米や朝鮮半島を含めた東アジア全体の非常にシリアスな関心事であるということを、しつこく中国にも台湾にもいっていくということが一番大事でしょう。中台はもちろん、関係国がどちらかに急に肩入れするような動きをするとバランスが崩れ、不安定になります。

そういう意味でいうと、クリントンのやり方はまずかった。李登輝の訪米を九五年に突如受け入れたことで、あの海峡の危機が起こり、今度は逆に中国に接近して米中の戦略パートナーシップを構築するといいだし、クリントンが訪中して「三つのノー（すなわち台湾独立や、一中一台・二つの中国、主権国家で構成する国際機関に台湾が加盟することを、米国は支持しない）」をいった。これに危機感を強めた李登輝が二国論を持ち出して、危ない状況になった。李登輝が二国論をいったから、今度は中国が「新台湾白書」というのを出して、いつまでも統一交渉の先送りは許さない。これも武力行使の対象だと宣言した。まずい循環を繰り返しています。

ただし、アメリカはそういうまちがいをだいぶ自覚して、二国論が出た時から従来のあいまい戦略を少し修正しだした。中国が一方的に台湾に武力行使した場合はアメリカが介入するということは、明確に出してきている。片方で、陳水扁が当選しそうだとなると、陳水扁に対しても中国に武力行使の口実を与えるような言動を自重するように働きかけを強め、比較的いま円滑に事態が動きだしているということはあると思います。だから学習効果はでてきているんだろうと思います。

丸山――人口六〇倍の中国という巨大な相手に、台湾が力で対抗することは不可能であることは、民進党の人たちもよくわかっている。国際社会の発言力によって中国が極端な手段をとることを抑えるしかない。台湾が発言権を維持しつつ中国と対話するにしても、独力ではとても無理で、国際社会を呼び込むことが必須です。

ただ、いま山本さんが言ったように、アメリカはとくにクリントン政権になってからの中国政策が

中台はもちろん、関係国がどちらかに急に肩入れするような動きをするとバランスが崩れ、不安定になります。――山本

場当たり的で、台湾が安心して頼れるような状態ではなかった。「三つのノー」で行き過ぎを犯したことの埋め合わせのような形で、最近は「台湾問題の解決は台湾住民の意思に沿ったものでなければならない」という新しい公式見解を打ち出し、それを繰り返すようになっています。いまはたまたま一一月に大統領選挙を控えている時期で、アメリカの次期政権が中国政策、台湾政策を形成してゆく段階にある。どの候補も「強いアメリカ」を強調せねばならず、中国との融和的な政策を出しにくい状態でもありますから、陳水扁にとっては問題を突きつけるにはいいチャンスです。

クリントン政権の後半になってから出てきた「暫定協定方式」なるアイデアは、大統領のブレーンが考え出した私案のような形をとっています。台湾が独立を宣言せず、一方の中国も武力行使はしないと約束することを出発点にして、中国と台湾との間で合意できるものから協定を結んでゆき、それを積み上げていけばいいというのです。この方式がいつまでたっても「私案」にとどまっていて、クリントン政権の提案にならないのは、たぶん構想そのものが十分に固まりきっていないからなのでしょう。

一見現実的なアイデアですが、アメリカが果たそうとしている役割がよくわからない。中国からは台湾寄りだと言われて非難され、台湾からは友邦を裏切るのかと言われるのは割に合わない、だから当事者同士で協定を結んでくれということだと、米政権ブレーンの学者が補足説明していました。それにしても、暫定協定をどこがギャランティーしていくのか、そこのところが問題です。積極的にギャランティーできる国はおそらくどこにもない。かろうじてできるのは、アメリカだけです。

陳水扁は選挙運動中に「新中間路線によるリスク管理政府」なることを言い出しましたが、現実感があまりありません。きわめて作文的で、いろんな関係を深めて中国をがんじがらめにしていく手だてが、容易にイメージできない。香港中文大学教授の翁松燃は、新政権の発足から半年間ぐらいは、とにかく安定本位、ぶち壊しだけは避けなさいと新聞に書いている。差し当たり具体的な政策の持ち合わせがなく、手足になるような頼れるスタッフもおらず、新路線を編み出す自信や勇気も持ちにくい状態で何ができるか、まず安定だ、というのです。しごくもっともですが、それはリスクマネージとは違います。その間に、中国からそれではいけないと言われたら、どうマネージするのか、この処方からは答えは出てきません。

山本――　いま丸山さんが言われたのはリスクマネージというよりは急場しのぎというもので、とりあえず政権交代期の中台関係の危機を回避するということだと思います。かといって今後の数年を考えてみても、台湾だけで台湾海峡のリスクマネージができるわけではない。台湾国防部や米国防総省によると、中国は台湾を射程に入れたミサイルをすでに四百基保有し、これが二〇〇五年には六百基、二〇一〇年には千基に達するとみられています。ところが台湾にはいまのところミサイル攻撃を防ぐ手立てがない。だから日米のＴＭＤ（戦域ミサイル防衛）構想への参加を望んでいるわけだけれども、とにかく中国に一方的にミサイル攻撃を仕掛けられれば壊滅的打撃を受けます。戦争の引き金は中国が握っているのであって、台湾に抑止力はありません。アメリカが台湾関係法を根拠に中国

暫定協定をどこがギャランティーしていくのか、そこのところが問題です。かろうじてできるのは、アメリカだけです。――丸山

の軍事行動を抑止して均衡を保っているのが現実です。したがってこの地域のリスクマネージにはまずアメリカ、次にアメリカと同盟関係にある日本、さらには韓国など周辺国の果たす役割が大きいと思います。

丸山――アメリカの対中国政策の基本だった「戦略的あいまい」がいまでも有効かどうか、怪しくなってきています。一九九六年に中国がミサイル演習をしただけでアメリカは第七艦隊の空母を台湾海峡に派遣しましたから、中国が台湾に手を出そうとすれば介入することはすでに明白になったわけで、あえて「戦略的あいまい」を貫く意味があまりなくなったことは事実です。ならば白黒をはっきりさせるのか。これはもっと危ないかもしれない。代案はなかなか見当たりません。「暫定協定方式」は、現実的に見れば当面こんな手しかないという便宜的方法でしょう。アメリカは超大国ですが、及び腰であったら台湾の盤石の後ろ楯になることなどできない。もう少しアメリカらしい役割があるのではないか。

山本――米政府の大きな戦略としては戦略的あいまい性というものは保ちながら、第二、第三の非公式のパイプを使ってどういう場合に介入するかを明確にしていくとかね。

丸山――それは戦略的あいまい性を維持するさいに、条件を付けるということですね。

山本――そういうことは政府レベルではやりにくいですよね。それに拘束されて危機に柔軟に対応できなくなり、かえってまずいことになりかねない。だからそこのところは、政府のラインではなしに、学識者、軍や政府高官ＯＢなどを使った非政府のラインでもって、例えば台湾には「一方的に独立宣言をしたら、中国が攻めても介入しないよ」とか、あるいは「米国民の支持を得られないよ」

とか。あるいは何もしないのに中国が攻撃した場合は参戦するよとかをはっきりさせていくということはあるかもしれないし、すでに一部始めている形跡もあります。

アメリカが「一つの中国」の方向へ動きだしたのは、七二年のニクソン訪中からです。その時の上海共同コミュニケでいったのは、「中国は一つであると台湾海峡両岸の中国人がお互いに考えているということをアメリカは理解・認識する」、こういう表現だった。その前のアイゼンハワー時代は、「一つの中国、一つの台湾」政策を推進していた。ニクソン政権で大きな変化があった。それはなぜかというと、アイゼンハワー時代は中ソ一枚岩、それに対してアメリカは共産主義の浸透を防ぐということで、台湾をその防波堤に擬したわけです。だから一中一台です。ところがそのうちにソ連の脅威が強くなり、中ソ対立が起こり、ソ連を抑えるためには中国と戦略的に提携しようという目的を優先したために、「一つの中国」がでてきたわけです。ところがまた大きな構造変化が起こっています。

これから少なくとも二〇年ぐらいは、中国がアメリカの安全を脅かすパワーになっていくという見方が米国内でも強まりだした点です。だから米議会でも、ワン・チャイナの政策は果たして妥当かどうか。丸山さんは台湾の視点から言われたわけだけれども、アメリカの中でも国際的なパワーバランスの変化のなかでこうした論議が起きつつある。そういう新しい動きが出ているということは、やはり注目しておくべきではないか。

これから二〇年ぐらいは、中国がアメリカの安全を脅かすパワーになっていくという見方が米国内でも強まりだした ——山本

丸山――　中国が本当に二一世紀の大国になるかどうかはともかくとして、そういう方向に進みつつあると、アメリカは思うでしょうね。アメリカ人的な感覚では、アメリカの絶大な力に挑戦する国が現われること自体がきわめて不愉快なことで、中国がのさばる前に抑えてしまえという方向に世論が向く可能性の方が高いと思います。一時声高に言われた「中国脅威論」などもその一例で、共和党大統領選候補のブッシュは、そうした世論に便乗しようとしている。クリントン時代の中国政策が気まぐれだったことの反動もあり、またそれを教訓にもして、どちらかというと、伸びゆく中国を抑える方向をベースにして、次期政権の中国政策が編み出される可能性が強いのではないか。

山本――　二つの流れがあるわけですね。一つは中国はいずれ超大国になるんだから、この国とうまくやり、協力していろんな国際紛争を解決する。例えばイスラム圏のパワーを抑えるとか、朝鮮半島の安定維持のために中国をもっと取りこんでいく。経済界は中国は伸びるマーケットだからもっと入りこみたいと。これらがクリントンのエンゲージメント（関与）政策なり、ワン・チャイナであり、三つのノーだったわけです。それに対して、いや、そうはいっても中国というのは変わらない。相変わらず一党独裁の支配体制のもとで、法輪功やチベットに対して弾圧を続けている。こういう国はもっと大きくなってくれれば危険であるというのが最近の潮流でもある。

そこからでてくるのは、議会が法案を審議している台湾の安全保障強化法案であり、ＮＭＤ（国家ミサイル防衛）やＴＭＤ（戦域ミサイル防衛）のプランであり、政策でいうとエンゲージから、今度はランド研究所が九九年秋に提言した「コンゲージメント」（エンゲージとコンテイン＝封じ込め＝を合成した造語）という方向への転換。それにワン・チャイナの見直し。だから一中一台にちょっと傾いた方向へ行く可能性の方が、丸山さんのいわれたように強いと思います。

丸山―― 冷戦時代だったら、台湾がいくら民主化してもアメリカは見向きもしなかったでしょう。一九九〇年代にあっては「民主化」は何びとも反対できない普遍的な価値のようになった。そこに目をつけたのが李登輝の戦略観の優れたところで、この普遍的価値を台湾の安全を保障してゆく柱に据えた。彼の学者的風貌のせいもあって、一時はポスト冷戦時代の英雄扱いでした。

中国共産党の価値体系では、例えばチベット問題を柔軟に処理してゆくような余地はほとんどない。チベットで何か悲劇的なことが起きた場合、アメリカは反射的に反応せざるを得ず、米中にとって地政学的に重要でないところであっても、二大国のホットスポットになってしまうのです。台湾の場合は、アメリカは冷戦時代からの行きがかりがあって、チベットよりも心情的にコミットしていますし、台湾もそれを承知していて米議会でロビー活動も熱心にやってきましたから、状況は台湾にとって必ずしも悪くはない。少なくとも台湾などどうでもいいという方向には行きそうもないですね。

伸びゆく中国を抑える方向をベースにして、次期米政権の中国政策が編み出される可能性が強いのではないか。――丸山

中国民主化の可能性

山本――　中国からすれば歓迎すべきでない変化ではないかもしれないが、台湾は民主化したわけだから、今度は中国が変わっていくということがないと。中国そのものが国内的な意味でも、対米関係を考えても、あるいは対台湾を考えても、一番遅れている政治改革を進めるかどうかが最大のポイントだと思います。けれども江沢民は過去十年間、この問題に本腰を入れなかった。これが中国をいびつにしている。台湾との関連でいいますと、台湾では九二、三年ころには中国に対する楽観論がでました。鄧小平が改革・開放政策を加速させたことを好感して、中国といろんなことをやっていけるというムードが出た。

あの時は経済改革がすぐに政治改革にいくんだと。いけば中国というのはそんなに怖い国ではなくなるというような期待が膨らんだけれども、江沢民が実力をつけるにしたがって、しぼんでいった。江沢民はむしろ権力を党に集中させた。党に集中するといいながら、江沢民自らの権力を拡大するためのいろんな政策が出てくる。これは時代に逆行する動きで、台湾にとってはマイナスであると。こんな国とやはり安心して政治問題を話し合うわけにいかんということで、だんだん離れていったという経緯がある。

だから、中国がこれから政治のシステム改革を本気でやるんだという、少なくともその姿勢だけでもはっきりさせないと、台湾とのギャップは開くばかりです。例えばいまの人民解放軍というのは党の軍隊で、国家の軍隊ではない。党の最高指導者が党軍事委主席として指揮することになっている。しかし毛沢東や鄧小平のようなリーダーはいませんから、結局は軍隊が非常な力をもつということになっている。この仕組みでいくかぎり、台湾は安心して中国と本当の意味で将来を考えるような政治交渉、あるいは政治対話には乗れない。アメリカもごく少数の人間で動く国とは安定的友好関係は築けないでしょう。

こういうことを言っていると、共産党政権から「和平演変（共産党体制の平和的転覆）」をたくらむけしからん男だと非難されるかもしれませんが、私は中国の混乱を望んでいるわけではない。段階的かつ着実に政治のシステム進化をいまから進めていかないと、国内の矛盾がいつか爆発してかえってたいへんなことになりかねないことを心配するわけです。

丸山——江沢民政権にとって政権の維持が自己目的化した場合、もう台湾問題は解決できないと思います。政権維持そのものが目的になったら、台湾に対して柔軟な態度をとれるわけがないですから。政治改革が順調に進めばいいのですが、ブレジネフ時代のソ連のように、体制を維持するためなら何でもやるというようなことになったら、台湾にとっても、中台関係にとっても、米中関係にとっ

中国そのものが、一番遅れている政治改革を進めるかどうかが最大のポイントだと思います。——山本

ても最悪です。

山本――　日中関係もね。

丸山――　そうです。中国はいま静かなようでも、きわどいところに差しかかっていると思います。江沢民の去就が決まる二〇〇二年までの二年間に、中国はどっちに進むか決めねばならない。おそらくはなし崩しに、政権維持が自己目的化した状況から脱却する方向に向かうのでしょう。

しかし中国はとにかく図体が大きいですから、いったん波乱でも起きたら無事に収まるかどうか、あまり楽観してはいけない。ソ連＝ロシアはやみくもに市場化して大混乱に陥り、国際関係全体を大きく変えるようなことになりましたが、中国が破綻した場合の悪影響はソ連崩壊の比ではなく、測り知れないものがあります。日本はその波をまともにかぶる恐れがある。天安門事件のさいに鄧小平は、「中国から膨大な数の難民が流出したら、近隣国はどうするのか」と恫喝するようなことを言いましたが、半分くらいは可能性のあることで、そのような事態になるのはご免こうむりたい。「和平演変」でも言葉が悪ければ、「軟着陸」でもいい。中国がそのようになることが国際益というものでしょう。

山本――　「和平演変」を英語でいえば、ピースフル・エボリューション（平和的進化）でしょう。中国の国家、社会、国民にとって本当は決して悪いことではないはずです。きわめて当たり前の言葉が、独裁権力を失うことを恐れる共産党の、特に保守的な勢力によって非常に悪いニュアンスの中国語にされているということだと思います。

丸山――　エボルブという語では、和平演変の状況を表現する言葉としてはちょっと抵抗がある。

山本――　共産党も決して一枚岩ではない。党内にもいろんな考え方の人がいます。胡耀邦のように政治改革をやって民主化を進めなければならないと考える人はいまもいるはずです。党内や党外の知識人、一三億の国民にしても、もっと自分たちの主張を政治に反映してほしいと思っているでしょう。西側がそういう人たちとのコミュニケーションをはかることは、お互いにとって有意義だと思います。インターネットが中国内で急速に普及しつつありますが、これなどは非常に効果的な手段になりつつあります。中国当局のネット規制には限界があるでしょうから。

中国の友人たちの話では、いまの中国の政治の腐敗や、軍隊がわがもの顔にふるまっていることを含めて、国民の不満が相当うっ積している。これを口ではいえるぐらいになってきている。活字で共産党政権を非難したり、政治改革の運動を起こしたりするとただちに抑え込まれるけれども……。ともあれそこまできてるので、システムの改革・進化が三〇年先ということでもないと思うんですけれどね。

「和平演変」で言葉が悪ければ、「軟着陸」でもいい。中国がそのようになることが国際益でしょう。

――丸山

日本の取りうる立場

日台、日中、日米といった関係の中で日本のとりうる立場、方向性をお話しいただきたいと思います。

山本――小渕政権は外交においては、私は評価しているんです。というのは、クリントンが「三つのノー」をいった数か月後、江沢民が訪日して、この時はクリントンに「三つのノー」を言わせたんだから日本は簡単に「三つのノー」をいうだろうと、江沢民も周りもみんなそう思った。しかし小渕首相は「三つのノー」のうちの三つめの、「主権国家で構成する国際機関に台湾が加盟することを支持しない」は言わなかった。台湾の人たちの、国際社会から完全にはじきだされることへの不安感は、外国人には理解できないぐらい強い。小渕首相はそこのところは言わなかった。これは評価すべきだと思います。

勇気でやったのか、別の事情からかはよくわからないけれども、それは台湾の人を安心させる非常な効果があった。もしあんまり圧迫したら、投降主義で中国になびく人もでたかもしれないが、戦争覚悟ででも独立宣言すべきとの声がそれをしのいだでしょう。だから、小渕政権の政策の方がクリントンよりは安定していたということです。中国への追随外交ではなしに、主体性を保ちながらやっていくいい芽がでたのではないかと思います。かといって逆に、反中意識が日本の中に高まっていくのはけっして望ましくない。

台湾独立を支持する方向へ傾斜すれば、これは七二年の日中国交回復まで積み上げた努力が御破算になって、日中関係というのはなんの取り決めもない状態を迎える。これは非常に危険です。やはり日本という国の通れる道というのはかなり狭い。日米同盟を基軸に、日中国交回復時の共同声明を尊重し、かつ台湾との民間交流をきっちり維持していくということだろうと思います。ただ日本は「台湾が中国の一部であるとの中国の立場を十分理解し、尊重する」と共同声明で表明しましたが、それは日本が「台湾は中国領だ」と認定したわけではない。その範囲で、日台交流の裾野を拡大する余地はまだかなりあるのではないでしょうか。

丸山――　日本では政界にもグラスルーツレベルにも、中国に関しては二つの感情がある。一つは、とくに一九七二年以来の、友好第一だという素朴な善意に根ざしたもの。単なる善意だけでなく、文化的なコンプレックスや戦争中の日本軍の行為に対する贖罪感もない交ぜになった感情です。いま一つは、中国の指導者から歴史に学べ学べといわれて、もう十分学んだだろう、これ以上どうすればいいんだと反発する、いわゆる嫌中感情です。

日本の政治家は、どっちに乗るのが自分に有利かと考えるはずです。小渕政権は結果的には、山本

日米同盟を基軸に、日中国交回復時の共同声明を尊重し、かつ台湾との民間交流を維持していくということだろう。――山本

さんが言うようにひとまず妥当な方針を選んだとは思いますが、多分に嫌中感情に相乗りしている。これは危険です。台湾にはよくぞ嫌中感を公言してくれたと言わんばかりの声があったが、この面を強調しすぎるとおかしなことになる。日本の政治家は、台湾問題を台湾人の喜ぶ方向に進めようとして発言したわけではないし、台湾の状況や中台問題の本質まで十分に理解したうえでの発言でもなかった。そこのところが問題です。

山本――結果論ですね。

丸山――そうです。もともと日本の台湾ロビーは、反中か反共の感情からスタートして台湾びいきになったのです。それだけナイーブでもあり、台湾マネーにありつけて金にもなった。国民党が資源を独占していた時代には、金持ちの国民党と仲良くすれば利得があったが、民進党政権になった後は、たぶん何の利益にもありつけないでしょう。陳水扁といくら仲良くしてもビジネスには役立たない。健全なことです。李登輝の世代、つまり青年時代まで「日本人」だったので日本語を話す人たちの時代がそろそろ終わろうとしている。陳水扁はいま四九歳ですが、彼のようにもうひとつ若い世代の時代になる。日本人へのそこはかとない親近感などない、日本に対してむしろ厳しい感情を抱く人たちの世代に入る。反共＝親台湾の時代をおしまいにするにはいい頃合いです。

これから先は、日本にとっても台湾、中国にとっても良い日台関係にすべきです。台湾への好悪感は、率直に言えば私自身も含めて、中国への好悪の裏返しの面があった。中国革命への共感や蒋介石スタイルへの嫌悪が親中国感情を育み、親台湾の場合はその逆でした。それはかなり偏った、一種の冷戦思考だった。これから先の日台はよりトータルな関係になるべきで、その条件は十分あると思います。いま三〇歳以下の台湾人には日本に別種の親近感があり、大衆文化を中心にして日本にある種の好意を持っていますから、日本人に善意と理解があれば良い関係になれる。これは李登輝時代からの遺産で、別に民進党のおかげではない。陳水扁は運が良かったかもしれない。

李登輝時代末期の日台関係は、新幹線の台湾輸出に見られるように李登輝の個人的イニシアティブのおかげもあって、とくに最後の数年間は大変良好だった。これからは政治の面ではそういう日本への特殊な親近感は期待できません。日本の台湾ロビーは、国民党から民進党にあっという間に乗り換えるんでしょう。それだけでは信頼を得られるわけがない。日本がこれまでの外交原則を捨ててでも台湾を応援するようなことは難しいが、発言はした方がいい。中台間に軍事的な緊張が起きれば日本の国益に響くというようなことも、遠慮せずに大きい声で言うべきです。直接言うのが無理なら、例えばアメリカ経由で何らかの働きかけや表現をするとか、できることはあります。

山本――民間交流については中国も反対はできないですから、これを通じてはいろんなグラスルーツレベルの交流を根強く続け、拡大していくことと、それから台湾を一方的に国際社会から排除するような動きには協力しない。むしろ台湾を国際社会にどんどん組み込んでいく。日中国交回復というのは中国という存在を国際社会に組み込んでいこうという動きの一環だったと思うけれども、それは中台とも国際社会の重要な一員であるわけだから、両方とも組み込んでいくよう努力することは

中国革命への共感や蒋介石スタイルへの嫌悪が親中国感情を育み、親台湾の場合はその逆。一種の冷戦思考だった。――丸山

非難されるものではない。
それからもう一つは、李登輝世代、いまの台湾の日本語世代の人たちが、なぜ親日になったかというと、蒋介石時代の二・二八事件に代表される強権支配というか、弾圧への怨念によるところが大きい。この世代の人たちには、中国大陸を見る場合にも、客観的にすなおには見れないというところがあります。逆に中国の方では、国共内戦で完全に負かした相手がいまごろ別の国だとかいってるのはけしからんというふうに、いまの中国の軍隊の上の方はそういう世代だし、党の長老と言われる人たちもそういう感情が強い。しかしその世代も退場していく。戦後生まれの陳水扁は、中国に対する特殊な怨念というものは薄いだろうと思います。さらに若い世代はもっと薄いわけで、そこでもう少し理性的、客観的に、過去の怨念を排除したマイルドな付き合い方ができるようになることが期待できるのではないでしょうか。

■ **民間レベルだけでなく、国家レベルでも日本は積極的に動けないものでしょうか。**

山本——アメリカの経済関係閣僚の訪問は九四年にクリントンが解禁したわけです。日本は通産省の局長クラスが行ったぐらいですか。だから民間交流の解釈なんだけれども、経済の分野については、閣僚といえども民間の問題に関係するからというようなことで、台湾側から交流の格上げを求める希望は非常に強いですね。このへんは検討課題でしょう。中台関係が好循環に入れば、その余地が広がるんでしょうが。

丸山——日台関係をどうするかという場合、中国が怒るか怒らないかという、それでしか判断しないのはおかしいわけで、日中関係や中台関係を害さないなら、すべきことはするということにしないと、国益にもなりません。台湾は沖縄のすぐ横合いにあるから、台湾海峡問題には日本の利害が必ず絡んでくる。そのことに目をつぶって、無関係を装い続けることはできません。せっかく小渕政権時代にあそこまでやったんだから、もう一押しです。ただ無原則では不毛なだけでなく、日本に親近感の目を向けてきた台湾人を裏切ることにもなる。

ある台湾人によれば、二〇〇〇年の選挙で最後まで総統の座を争った三人の中で日台関係にとってベストなのは、陳水扁なのだそうです。確かにそうかもしれない。国民党の元最高幹部で無所属で立候補した宋楚瑜は、出自が外省人で、日本には含むところがありそうだし、国民党の公認候補だった連戦は、李登輝の対日感覚を必ずしも引き継いでいない。陳水扁は白紙なだけに、良い意味にも悪い意味にもしがらみがありませんから。

彼が日本に求めようとしているのは、国家レベルでの連携強化では必ずしもないと思います。陳水扁陣営が選挙戦中に発表した外交白書にも、そのように書いてある。外交は国家関係だけに限定せず、民間交流や都市交流や政党間の接触をトータルにやってゆきたいというのが白書の趣旨です。陳水扁は徳川家康の伝記を熱心に読んだというし、阪神大震災の震災地にも二度訪れていて、日本を手近な参考にしようという意識が強い。民進党にはアメリカ帰りの元台湾独立運動家が多く、日本留学経験者は少ないが、余計な思い入れがない方がかえっていいかもしれません。

彼が日本に求めようとしているのは、国家レベルでの連携強化では必ずしもないと思います。――丸山

山本―― 自治体同士の交流も拡大の余地がおおいにありますしね。それからいままでの政党間の交流というと、国民党対自民党にほぼ限られていたけれども、民進党が政権をとったことで、民進党と例えば民主党、あるいは自由党だってこれからいろいろやるでしょうし、いろんな意味で、政党間交流も多様化していくでしょうね。オープンな交流になってくる。それから台湾の民主化というものに対する日本人の認識が深まってくるにつれて、もっと多様なチャンネルの交流が可能になると思うので、李登輝から陳水扁に政権が移ったからといって、日台は困ったことにはならないと思います。

■ **日台関係を考える上で、当然気になるのは日中関係ですが、日中関係でも腰が引けてますね。**

山本―― これは日本という国の、島国の日本人という民族の国際感覚、外交感覚とか交渉能力の低さに由来するところが、もちろん過去の歴史もあるけれども、非常に大きい。中国共産党というのは統一戦線工作というのが非常に巧みです。相手国の重要人物をうまく取り込んだり、弱いところをうまく一つ一つ叩いて、孤立化させ、アメとムチを使い分けて自分の思うようにコントロールしていく。アメリカではＣＩＡや中国の専門家などがこうした中国の戦略、戦術、交渉術を研究し、国家、組織としての対応策を考えるようなことをやっていますが、日本はこの面で非常に遅れています。政、財、官、マスコミ、学界など各界の上の方がそうした認識をしっかりもたないと。相手はなにも中国ばかりではない。どの国に対しても同じことがいえます。

丸山―― そういう日本人的ビヘイビアが中国に利用された。

山本―― 利用される方が悪いんです。

丸山――両方とも悪い。台湾がまたそれを利用して、反中国人士をごっそり抱きこんでしまった。

山本――悪循環です。そういう中国に対するうらみつらみが台湾への親近感にいくケースも多い。

丸山――それは本当の親近感ではなく、ただ裏返しただけのことです。私の台湾長期滞在中に、李登輝びいきを公言している石原慎太郎都知事が台北に来ました。台北市政府を訪問した時に、女性の文化局長に少々厳しいことを言われ、険悪な空気になったことがありました。地元のメディアは、「石原が好きなのは李登輝だけで、台湾ではないのではないか」と批判的に書き立てました。なかなか面白い見ものでしたよ。都知事が実際に台湾に好意を持っているのかどうか知りませんが、李登輝を尊敬する日本人には、関心が李登輝を超えて台湾そのものにまで及んでいかない人が多いことは事実です。台湾のメディアはそこのところを突いたのです。

山本――李登輝世代の人たちが日本を台湾に引き寄せるために、こうした日本人の屈折した心情を利用した面もあると思います。「日本は過去の戦争のことでそんなに中国に頭をさげることはないよ。あの連中は台湾でずいぶんひどいことをやったが、日本は台湾を植民地にはしたが教育の普及やインフラの整備、医療衛生の向上など台湾のために真剣にやってくれた。それが台湾の近代化の基礎になった」。台湾の老世代の本省人からよくこういわれて、日本人としてはずいぶん救われるところがあるし、それで台湾びいきになる日本人も少なくありません。

アメリカでは中国の戦略、戦術、交渉術を研究し、対応策を考えていますが、日本は非常に遅れています。――山本

ただ、こういう言葉に寄りかかって戦前の日本を肯定するような風潮が日本の一部にありますが、この点は注意すべきだと思います。まずこの世代の人は本心からそういってくれているのでしょうが、戦後の蒋介石・蒋経国時代の教育を受けた若い世代はそうは思っていない。また老世代には、日中関係が緊張すれば日本は台湾をもっと大事にするはず、との心理があります。だから意識的か無意識的にかはともかく、日本人に耳ざわりのいいことをいってくれますが、われわれは甘えるべきではない。

戦前の日本の台湾統治が台湾の老世代に評価されたからといって、それは中国大陸での侵略戦争を正当化することにはなりえない。中国との間では、過去の誤りがなぜ起きたかをもっと冷静、客観的に研究する必要があります。誤りは誤りとして認め、しかしそれを利用して現在の問題で日本の頭を押さえ付けようとする動きが中国側にあれば、過去と現在をしっかり区別して対処することが大事だと思います。

丸山――日本での台湾に対する関心は、ほっといただけでは湧いてきません。過去には台湾の民主化運動で劇的なことが起き、中には二・二八事件のように日本時代の経験と深いところでつながるような事件が起きても、やはり台湾で起きたことには関心が向かなかった。中国でもっと劇的で面白いことがたくさん起きたから台湾での出来事はマイナー扱いされたということもあるが、日本人の中国コンプレックスが台湾への関心を抑制した面もある。そのへんは台湾人もよく知っていて、半ばあきらめてしまっている人が多い。あきらめていないのは老世代だけです。

山本――中国に対してはやはり過去の歴史の問題と、現在の政策、戦略、戦術に利用されることをきちっと区分していかないと、いつもそのへんを結びつけられてにっちもさっちもいかないような状態にされるわけですね。そのへんも日本人は考えなければいけないですね。そのあたりのフラストレーションが過去の侵略戦争を肯定するような開き直りの政治家発言となって時に噴出し、また謝らなければならないという情けない最悪のパターンを繰り返している。

「超大国・中国」を前にして

■ **最後に一言ずついただければと思います。**

丸山―― 選挙中から選挙後にかけて陳水扁も言っている通り、東アジア地域には重大な紛争の起きる可能性があるところが三つあります。朝鮮半島、南シナ海のスプラトリー、パラセル（南沙、西沙）群島、もう一つが台湾です。日本も中国もどれにも多かれ少なかれ利害関係があり、ことに台湾問題は日中にとって安全保障上深刻な問題です。中台間で何か重大なトラブルが起きれば、必然的に日本は巻き込まれるわけです。台湾海域をめぐる戦略的利害という点では、日本と台湾は完全に一致するとは言わないまでも、かなり共通するところがある。中国を敵国と見なすかどうかに関係なく、

台湾海域をめぐる戦略的利害という点では、日本と台湾は完全に一致するとは言わないまでも、共通するところがある。――丸山

この地域で決定的な影響力を持つ大国は中国しかありませんから、どうしてもそうなります。

ところが、日本はこれまで台湾海域のリスクマネージには全くタッチしなかったばかりか、この海域に戦略的利害が存在する事実にすら目をつぶってきました。その結果として、リスクマネージは全部台湾が背負わされることになってしまった。人口二三〇〇万の台湾にとっては、これは大変な重荷です。これでは日本がいくら平和主義を口にしても、無責任のそしりは免れません。台湾海域が平和の海であった方が日本も安心であることはわかりきっているわけですから、一九九五、九六年の中国軍のミサイル演習のような時にさえ何も言わないのがいいことだとは思えない。日本が中台関係に発言権があるかないかということは別として、何度も言う通り、国益がかかった問題についてははっきり発言すべきです。中台問題の帰趨に日本の戦略的利害が絡んでいる事実を口にしても、モラルに反することにはならないでしょう。

山本――　繰り返しになりますが、要するに中国の政治改革だと思うんです。そこのところをやって中国が本当の意味での現代国家に変われば、あるいは変わる動きを示せば、いろんな問題が好循環に回転するのではないかという期待をもっています。そのためには、中国の段階的な民主化であり、軍隊の国家化、言論の自由化とか、みんな段階的がつくんですけれども、それから一党独裁体制の転換。こういうことを台湾はすでにやったわけです。中国は経済では台湾モデルを踏襲しています。例えば鄧小平が七九年に経済特区を作りましたがそのモデルは、高雄の輸出加工区でした。台湾モデルは同じ中華民族の中国人には導入しやすい面があると思います。そのレベルでいうならば、政治の改革も台湾モデルが参考になるのではないか。いまの段階では経済の発展レベル、教育水準でまだ相当な差があるのですぐにというわけにはいかないでしょうが。システムが同じ方向に収斂していけば、いまのような中台の対立や意識ギャップは緩和するはずです。

一方、陳水扁には台湾モデルの一段の進化、リファインのために頑張ってほしい。民進党が国民党と同じ腐敗体質になってしまったら台湾の進歩は止まります。本当に台湾の社会をよくしていくことです。台湾にとっての最大の安全保障措置は軍拡ではなく、内部の改革をさらに進めて、諸外国が称賛するようなシステムを作り上げることだと思います。それを外部から破壊するような行為は世界から指弾されるでしょうから。

丸山——　中国は数年前から国際社会ではすでに「未来の超大国」扱いです。この先中国自身がその気になった時にどうなるのか、どうしてもそのことを危惧せざるを得ません。中華民族は偉大なる歴史と文化を背負っているだけではなくて、現代においても偉大なんだと中国が意識した場合、実際問題としてアメリカとの力比べにならないとは言いきれない。中国が超大国としての力をつけなくても、その気になった段階ですでに危ないと思う。

超大国にはできあいのモデルのようなものがないのが普通で、独自のロジックに従って独自のビヘイビアを貫徹させるからこそ超大国なのです。これからの国際社会はグローバル化だ、相互依存だとは言っても、超大国までが国際関係の網の目の中におとなしくおさまってくれるかどうか、保証の限

中国が本当の意味での現代国家に変われば、変わる動きを示せば、いろんな問題が好循環に回転するのではないか。——山本

りではありません。

ことに中国の場合は、いくつもの有力国が横並びで競り合うヨーロッパと違って、インド以外には潜在力で競り合う相手がいないアジアで突出した大国であるうえに、体制そのものにも、周縁の民族や国家との関係にも、国内の社会問題にも、あまたの巨大な懸案をかかえています。たしかに、中国はこれまでも大躍進だとか文化大革命だとか、何度も試練を乗り越えてきました。問題はあっても中国の大きさが問題を吸収してくれた間はまだよかった。しかし、人的・物的資源のフロンティアを使い果たしつつあるように見える中国に、これから先いくつもの試練を一挙に乗り切ってゆくような余力が本当にあるのかどうか、心配ではあります。

いかなる国家も偉大なる中国を折伏できないのだとよくいわれますが、それなら日本も台湾も、どうか中国が無事でいてくれますようにと、祈っているしか手はないことになる。あるいは、軍事力と外交能力を具えたアメリカに、頑張って対抗してもらうしかないことになる。中国をコントロールするのは不可能でも、誰もが納得できるような地位に中国を誘導することならできるでしょう。少々衰えたりとはいえ日本には経済力というテコがありますし、台湾も同様です。日本と台湾は、そうした試みの最前線に位置するのだと思います。

山本――いまの時点で中国が超大国になろうとしていると明言することはできませんが、中国が九九年の建国五〇周年あたりから、「中華の振興」とか「中華の復興」といったことをしきりに言い始めたことは少々気になります。「中華の復興」という場合、想定しているのは清帝国がもっとも盛んだった一七世紀後半から一八世紀末ころまでの、康煕、雍正、乾隆の三皇帝の時代あたりのことかもしれません。このころの清はチベット、台湾、モンゴルを版図に収め、朝鮮、ベトナム、ビルマ、タイなどの朝貢国を有する超大国だった。将来、超大国になりたいとの願望がないとはいえないでしょう。

中国が台湾を統一すれば「祖国の完全統一という中華民族の悲願」を達成すると同時に、「海洋強国」になるための大きな足場を築くことになります。台湾を抑えれば次に日本や南北朝鮮ににらみをきかせ、アメリカのアジア太平洋地域のプレゼンスを削減し、アメリカにかわってアジア諸国を自らの勢力圏に収めることを狙っているかもしれません。台湾の戦略的、地政学的位置はきわめて重要です。日本や韓国のシーレーンの喉元を抑えることになるし、中国自身が太平洋や南シナ海から中東へ本格的に進出する場合の重要拠点となります。

台湾は中国が海洋強国になるための「扇のかなめ」ともなりうるし、逆に台湾を外国に抑えられると中国は冷戦時代のように封じ込められることを恐れています。国防を考えても台湾を確保すれば、大陸防衛のための戦略的縦深を厚くとることができる。二一世紀前半に中国と軍事的に対抗できる国は日米しかないでしょうが、台湾を統一できればこうしたパワーバランスは中国にかなり有利になるでしょう。

中国が海洋強国をめざすのは国内経済的な必要性に迫られた動きでもあります。経済成長を長期間続けるには、石油をはじめとしたエネルギー・鉱物資源を海洋開発や、中東からの輸入でまかなう必

中国をコントロールするのは不可能でも、誰もが納得できるような地位に中国を誘導することならできるでしょう。——丸山

要があるからです。日本近海での中国の海洋調査船の活動もその一環でしょう。中西部の砂漠化の進行、黄河の断水の深刻化などをみていると、膨大な人口を抱えるこの国は海に活路を開こうとしているようです。そうなると台湾はもちろん、海を隔てた隣国である日本や太平洋のヘゲモニーを握るアメリカとの摩擦、確執が強まることになります。中国が真に開かれた民主国家となれば、お互いの意思疎通を深め、問題を平和的に処理しやすいわけですが、いまの共産党独裁政権は何を考えているのか外部の者にはよくみえません。いろんな角度から中国の動向を冷静に見守る必要があります。

■**長時間ありがとうございました。**

（二〇〇〇年五月八日　於・藤原書店会議室。五月二〇日の陳水扁総統就任式後に一部追加）

（聞き手＝編集部）

II

中台関係の変遷

李登輝、陳水扁、そして二一世紀

山本 勲
Yamamoto Isao

的基礎である」と演説。（提供＝中国通信）

1 李登輝時代——「二国論」をめぐる攻防

李登輝政権の登場で質的変化を遂げた中台関係

今日の中台関係は、中国大陸での共産党政権との内戦に敗れた蔣介石の国民党政権が四九年一二月に台北に遷都したことに由来している。以来、大陸の中華人民共和国と台湾の中華民国が台湾海峡を挟んで対立、対峙する状態が続いている。この構図自体は今も同じだが八八年一月、本省人の李登輝が蔣経国の急死をうけて総統に就任した後に、中台関係は内実面で変化を遂げた。蔣介石・蔣経国の外省人支配時代の中台関係は、二〇世紀前半の中国大陸で延々と続いた国共内戦の延長であった。蔣介石は台湾に逃れてからも死ぬまで「大陸反攻」を標榜し、中華民国こそが中国の正統政権との旗印をおろさなかった。台北に政権の本拠を置いているのは仮の姿で、いずれは必ず共産党政権を滅ぼして大陸に復帰するとの心積もりであった。だから大陸の統治権を失っているのに、行政院（中央政府）にチベットやモンゴルを管轄する蒙蔵委員会を残したり、台湾省政府や福建省政府を維持したのである。蒋介石にとって中華民国の本来の中心はあくまで中国大陸であり、台湾はその一つの省でしかなかったのである。息子の蒋経国の時代には「大陸反攻」こそいわなくなったが、基本思想は同じだった。

東西冷戦たけなわの五〇年代から六〇年代に、米国は台湾を名実ともに中国大陸から切り離そうとして「一つの中国、一つの台湾」政策を推進した。蒋介石の大陸反攻や中共政権の崩壊が不可能とすれば、台湾を大陸とは別の国家として扱い、共産圏封じ込め政策の「不沈空母」にしようとした。五八年八月、中国が廈門《アモイ》対岸の金門島に猛烈な砲撃を加えた際には米議会に金門、馬祖の両島放棄論が強まり、国務長官のダレスが「米国は大陸沿岸の島を（台湾のために）防衛するなんらの義務も有していない」と発言した。中華民国が金門、馬祖などの大陸沿岸の島々を放棄すれば大陸とのつながりを失い、台湾海峡によって隔てられた台湾だけの国家となる。その方が台湾は守りやすいし、蒋介石の大陸反攻に引きずられて米中戦争を起こす心配もなくなるからだった。

蒋介石はこれに猛烈に反発し、自ら前線を督励するなどして懸命に金門島を死守しようとした。金門砲撃を命じた毛沢東は、そんな蒋介石の動きを注意深く観察したうえで砲撃停止命令をだした。五八年一〇月、共産党中央軍事委員会は「台湾統一の長期戦略から考えれば、当面は敵（蒋介石）に両島を占領させておいた方が有利である」との決議を行なったが、これが毛沢東の考えであったことは言うまでもない。つまり、毛沢東と蒋介石は宿敵ながら、少なくとも「中国は一つである」との原則では一致していたのである。「国民党外来政権」（李登輝）のトップとして台湾を支配する蒋介石としては、台湾が中国の一部でなくなれば、政権の正当性を維持できなくなるという事情もあったかもしれない。

これとはまったく正反対に、本省人総統の李登輝にとって「一つの中国」は台湾人口の一割強にすぎない外省人の強権支配に口実を与える〝虚構〟でしかなかった。台湾が日本の植民地になる以前からこの地に住む本省人にとっては、中台関係は国共内戦の延長ではない。本省人は主に明、清の時代に対岸の福建省から渡来した漢民族の一員ではあっても、清王朝は彼らを中華文化の及ばぬ「化外《けがい》の地」の民として扱った。さらに日本の統治を受けたこともあって、大陸の中国人とは意識や生活環境の面でかけ離れた存在となった。これに蔣介石政権の強権支配への反発が重なった。李登輝は九四年の司馬遼太郎との対談で、台湾人（本省人）が長い間、外来政権の支配下で「台湾人のために何もできない悲哀」を抱いて生きてきたことを打ち明けている。李登輝の総統就任とその後の外省人支配体制の打破によって、中台関係は少なくとも台湾にとっては「国共内戦の延長」から、「中国と台湾の関係」に変質したのである。

李登輝の遠謀

蔣経国の急死によって国民党政権を継承した李登輝だが、総統就任当初は周囲を蔣介石・蔣経国子飼いの外省人政治家や軍人に包囲され、独自路線を打ち出そうにも身動きのとれない状態だった。そこで李登輝は蔣経国時代の末期から芽生えていた政治の民主化を大胆に推進することを通じて徐々に政治の実権を掌握し、九三年二月に腹心の連戦を行政院長（首相）に起用することで外省人支配体制の完全打破に成功した。民主化は時代の流れで外省人勢力も表立った反対はできないし、人口の八割強の本省人は初の本省人総統の李登輝を熱烈に支持したから、この戦略は大きな成功を収めた。九六年三月に総統の直接選挙を行なうまでに、台湾のすべての民意代表（立法委員＝国会議員、国民大会＝憲法改正機関＝代表、地方自治体首長、地方議会議員）は直接選挙で選ばれるようになった。

李登輝は政権基盤を固めながら、対中、対外政策を細心の注意を払いながら一歩一歩と変更していった。中国との間では、「一つの中国」が大陸の中華人民共和国と台湾の中華民国に「分裂、分治」されている現状のもとで、中台が平和共存する道を追求することであった。そのために李登輝は九〇年七月に行政院（内閣）に対中政策の統括機関として省級の扱いで「大陸委員会」を、同年一〇月、総統府の対中政策諮問機関として「国家統一委員会」、翌年一月には中国との民間交流を進めるための組織として財団法人「海峡交流基金会」を、相次いで設立した。九一年三月には国家統一委員会が台湾の統一問題に関する基本方針となる、「国家統一綱領」をまとめた。

国家統一綱領はまず「海峡両岸（中台のこと）は理性、平和、対等、互恵の原則のもとに、適当な期間にわたる隔意のない交流、協力、協商をへて、民主・自由・均富についてのコンセンサスを確立し、共同で統一された中国を再建すべきである」とうたった。そして統一にいたるまでのプロセスを短期（交流互恵）、中期（相互信頼と協力）、長期（協商統一）の三段階に分け、その間に双方が交流を拡大し、信頼醸成措置を積み上げるよう提案した。短期の段階では、お互いが相手を「政治実体」として認め、民間交流を拡大する。双方は敵対状態を排除し、「一つの中国の原則のもとに、平和的な方式によって一切の紛争を解決し、国際社会で相互に尊重し、排斥せず、それによって相互信頼の協力段階に進むべきである」。中期の段階に入ると、双方は三通（通信、通航、通商の直接化）を始め、政府当局間の接触を始める。最後の長期の段階では「両岸の協商統一機構を設立して、両岸人民の意思に基づき、政治の民主、経済の自由、社会の公平および軍隊の国家化の原則を堅持して、ともに統一の大業を協議し、憲政体制を研究、制定して民主・自由・均富の中国を打ち建てる」。

この綱領は八〇年代に中国の鄧小平が「一国二制度」方式での台湾統一提案を行なったことに対する、李登輝のアンチテーゼであった。中国は大陸の社会主義体制と台湾の資本主義体制を維持したまま、台湾を中華人民共和国の特別行政区として統合することをめざしていた。これに対して李登輝は、まずお互いが対等の「政治実体」であるとの前提から出発し、「民主・自由・均富」のもとでの統一を提案した。企業社会にたとえるなら、一国二制度は吸収合併、統一綱領は対等合併の違いがある。さらに統一の前に、中国が発展途上の共産主義国家から自由・民主の先進国に変わるよう、暗に求めている。中国がそうした国になるまでには数十年の期間が必要だろうから、統一を言いながら事実上、統一を長期間先送りする狙いを込めている、ともいえるのである。それでも中国は綱領が「一つの中国」原則を受け入れている点は評価した。李登輝がこの原則を信奉する限り、台湾独立や、「一つの中国、一つの台湾」、「二つの中国」に向かう心配はないとみたからである。

ところがよく吟味すると、綱領は「一つの中国の原則」を「紛争の平和的解決」と「国際社会で相互に尊重し、お互いに排斥しない」こととワンセットにして提起している。裏返せば、中国が台湾への「武力行使の権利」を放棄せず、また台湾の国際社会復帰を妨害し続ける限り、「一つの中国の原則」を信奉しないことを示唆しているのである。李登輝の本音は、「一つの中国」や（少なくとも近い将来における）中台統一ではなく、中台「分裂、分治」の現状を平和的に維持することにあった。しかし、当時まだ政権基盤の固まっていない李登輝がそれをストレートに打ち出せば、「一つの中国」を〝錦のみ旗〟とする外省人や、初の本省人総統、李登輝に疑いの眼差しを向ける中国の両方から挟撃を受けることは必至であった。だからこんな手のこんだ綱領をまとめたのである。

続いて李登輝は二ヵ月後の九一年五月に、蒋介石が大陸にいた時代から続いてきた中国共産党政権との内戦状態の終結を一方的に宣言し、同時に憲法修正の総統令をだした。中華民国憲法の有効地域を台湾に限り、立法委員や国民大会（憲法修正機関）の代表を台湾内で選出するようにした。（九二年には総統、副総統も台湾人民の直接選挙で選ぶように修正した）。実はこれも極めて意味深長な行動であった。もはや蒋介石のように「大陸反攻」はせず、大陸の統治権を共産党政権と争う意思のないことをはっきりさせたのである。中国に平和と友好の姿勢をアピールする一方で、中華民国の民意代表をいまある領土（台湾、澎湖島、金門、馬祖など中国沿海の島々）の中だけで選出し、政治を行なっていくことを憲法修正を通じて明確にしたのである。中国と台湾は別々の「政治実体」であることを制度面から裏づけたわけだ。九七年七月に国民大会が台湾省を凍結（段階的廃止）する憲法修正を行なったのも、その一環であった。中華民国が台湾と周囲の島々だけを実効統治する国家であるとすれば、わざわざ台湾省を置いておく必要はない。これまで行政院（中央政府）の下に台湾省政府を維持し、膨大な人件費と行政重複の弊害に耐えてきたのは、蒋介石父子が中華民国が中国の正統政権との虚構を維持するためであった。李登輝にとっては早くから有害、無益の組織だったが、なにぶん既得権益層や中国の抵抗・反発が強いために政権後期まで持ち越さざるをえなかったのである。

李登輝は九九年七月にドイツの放送局のインタビューを通じて両岸（中台）関係を「国家と国家、少なくとも特殊な国と国の関係」と位置づけたが（通称、李登輝「二国論」）、その布石をなんと九一年五月に打ち、台湾省の凍結で体制変革をほぼ終えたのである。こうして李登輝のめざすところは実は統一ではなく、中台の平和共存にあったのだが、中国側は当初はもっぱら内戦状態の終結を宣言した平和友好の〝善意〟に注目し、九一年一二月に台湾との交流団体「海峡両岸関係協会」（汪道涵《おうどうかん》会長）を設立した。

後に中国は李登輝に対して「中華民族の敵」、「千古《とこしえ》の罪人」などと常軌を逸したような激烈な非難を繰り返すことになるが、これは李登輝にうまくしてやられたとの思いがあったせいでもあろう。一方の李登輝にすれば、いくらいっても中国が武力行使の放棄を約束せず、台湾の国際社会復帰を徹底的に邪魔しているからには、二国論を持ち出してお互いの関係をはっきりさせないと台湾の存続が危うくなる、との強い危機感があったであろう。中国側が李登輝の言動をもっぱら統一に役立つか否かで判断し、「自分たちが台湾の主人だ」という台湾人のプライドや主体性を尊重する姿勢に欠けていたのは確かだった。ともあれ李登輝時代の中台関係は、まずまずの立ち上がりを示したものの、九〇年代半ばから悪性循環を繰り返しながら危機がエスカレートしていったのである。

政治に振り回された中台交流団体協議

後に触れる中台の秘密接触を通じて、九三年四月にはシンガポールで海峡両岸関係協会（海協会、中国）の汪道涵会長と海峡交流基金会（海基会、台湾）の辜振甫《こしんほ》董事長による中台交流団体のトップ会談が実現した。二つの団体は、政府間のパイプが閉ざされている現状のもとで民間交流の円滑な運営、促進をはかる趣旨で発足した。しかし、中国側の本音は海協会を共産党の先兵として使い、中台の平和統一を促進することにあった。かつて上海市長を務めた汪道涵は江沢民国家主席兼党総書記の〝後見人〟とも称される「上海閥」の元締め的存在で、中国側がこの組織に寄せる期待の大きさを物語っていた。一方、台湾側の辜振甫は台湾の経団連に相当する工商協進会の理事長を長年務めた財界リーダーである。国民党の中央常務委員ではあるが、政治家ではないし、李登輝との関係が特に親しいわけでもない。李登輝が海基会に求めたのは、文字通り経済を中心とした民間交流の窓口機能を果たすことであって統一問題を話し合うことではなかった。こうした双方の思惑の根本的な違いが、交流団体協議のその後を振り回すことになった。

汪道涵・辜振甫の初会談にあたって台湾側が期待したのは、①八〇年代末から急拡大しはじめた台湾企業の対中投資や知的所有権の保護②ハイジャックや密輸、密入国などの犯罪捜査や漁業紛争の処理での協力——といった実務問題の解決であった。しかし、汪道涵は会談冒頭のスピーチで江沢民、李鵬（首相）から李登輝、連戦《れんせん》へのあいさつのメッセージを伝え、あたかもこの会談が双方の指導者の意を受けた政治交渉であるかのように振る舞った。そして本題に入ると三通の早期開始を求め、「まず船の直航から始めよう」とたたみかけた。李登輝はかねて中台が敵対状態を終結し、武力不行使を約束する平和協定を結んだ後に三通を始める考えを示していた。そうしなければ台湾の安全を守れないからだった。汪道涵はこうした台湾側の立場を無視するかのように、きわめて政治的意味合いの強い三通要求をいきなり持ち出した。これで本来、実務問題を協議する場であったこの会談が政治的駆け引きの場に変質してしまった。第一回汪道涵・辜振甫会談は最後に、①交流団体間協議の定期開催②知的所有権保護、犯罪捜査や漁業紛争処理での協力――という当たり障りのない問題で暫定的な合意書をかわして閉幕した。台湾側が望んだ投資保護協定の締結には中国が応じず、李登輝ら台湾当局には中国への警戒心ばかりが残る結果となった。

交流団体間協議はその後、迷走に迷走を重ねることになる。九五年五月に海協会の唐樹備《とうじゅび》副会長が台湾を訪問し、七月に第二回汪・辜会談を開催することで合意した。しかし六月の李登輝訪米に激怒した軍部など強硬派の突き上げもあって、中国がこれを突如キャンセルし、お互いの交流も途絶えた。以来、三年間の冷却期間を経て九八年一〇月に辜振甫が訪中したが、中国側が再び統一に向けた政治交渉を執拗に迫って台湾側を白けさせた。それでも九九年秋の汪道涵訪台がほぼ固まりかけたが、今度は李登輝が二国論発言を行ない、これに反発した中国が再び汪の訪台をキャンセルした。李登輝訪米によって第二回汪・辜会談が流れたのは、たまたま米国がその時期に李の入国を認めたための偶然の産物だった。しかし、後述するように二国論が汪道涵の台湾訪問を多分に意識したものであったことは李登輝自身が認めている。九一年に中台双方が相次いで交流団体を設立して一〇年近くが過ぎたが、交流促進のための実務協議で最終合意に達したものは今のところひとつもない。シンガポールでの第一回汪・辜会談以来の中国側のあまりに政治的な駆け引きが、李登輝や彼を支持する台湾住民の共産党アレルギーをかきたてたきらいがある。

李登輝の国際社会復帰外交と台湾海峡の危機

李登輝の対外戦略は二つの柱からなっていた。中国との間では、「対等の政治実体」としての台湾の主体性を堅持しつつ、経済を中心とした交流を拡大して緊張を緩和し、平和共存をはかる。しかし、中国とのみ付き合っていたのでは、小さな存在の台湾はいつのまにか相手に呑み込まれてしまう。だから蒋介石時代に国連を脱退して以来の孤立状態を打破し、台湾が国際社会に全面復帰することによってそれを防ぐ、というものだ。そのためには中華民国が中国の正統政権という虚構を捨て、さらには中華民国の名称にもこだわらない。相手が台湾の存在を尊重してくれさえすれば、どんな形であれ関係拡大に努める。八九年三月、李登輝がシンガポール政府から「台湾から来た総統」という身分で招請された際に、「不満だが受け入れられる」と述べて招請に応じたのも、このためだった。九一年一一月には「中華台北」の名称でアジア太平洋経済協力会議（ＡＰＥＣ）に加盟した。

李登輝は九三年二月に腹心の連戦を行政院長に起用して全権を掌握すると、今度は国連復帰をめざす考えを明らかにした。同年末に連戦がシンガポール、マレーシアを非公式訪問したのに続いて、九四年二月には自らフィリピン、インドネシア、タイを非公式訪問するなど、外交攻勢に拍車をかけた。五月には外交関係を有する中米、アフリカの四ヵ国を公式訪問した。外交攻勢のピークは九五年六月七日から一二日までの訪米であった。李登輝が六五年から六八年にかけて留学したニューヨーク州のコーネル大学の招きを受けての非公式訪問ではあったが、台湾の現職総統の訪米は前代未聞の出来事だった。中国は懸命の反対工作を行ない、米国務省も李登輝の入国を認めない方針だったが、最後はクリントンの判断で認めた。五月二日に米下院が満場一致で、九日には上院が九七対一で相次いで李登輝の訪米を歓迎する決議案を採択したことが、翌年に大統領選を控えたクリントンに訪米受け入れを決断させたようだった。再選後のクリントンが一転して対中接近に動いたことからみても、クリントンのこの時の決断はいかにも場当たり的で、深い考えや長期の戦略的思考にもとづくものではなかったことは確かだろう。

李登輝はコーネル大学での記念講演で、台湾が経済発展と民主化を成し遂げたにもかかわらず「国際社会でしかるべき地位をあたえられていない」ことに遺憾の意を表明し、「外交的孤立脱却」に全力をあげる考えを示した。そして「台湾の中華民国」や「中華民国」という言葉をいたるところにちりばめた。講演は聴衆の拍手喝采を何度も浴び、国際的孤立感にさいなまれていた台湾住民は積年の胸のつかえを一気に晴らした。しかし、中国の反発もそれだけに大きかった。江沢民指導部は李登輝の訪米が決まった後も汪道涵、辜振甫の第二回会談を実施する構えだったが、訪米後にこれをキャンセルし、猛烈な李登輝非難キャンペーンを開始した。

中国人民解放軍は七月、八月と台湾近海を標的としたミサイル演習を繰り返し、中台関係は極度に緊張した。中国軍はさらに同年末の台湾立法院選挙を牽制するために、一一月後半に対岸の福建省沖合の東山島周辺で陸海空三軍の大規模な上陸演習を実施。九六年三月二三日の第一回台湾総統直接選挙の前にも三回の大演習計画を発表した。第一波は三月八日から一五日までのミサイル演習、第二波は一二日から二〇日まで東山島と広東省南澳島の沖合での海空合同の実弾演習、第三波は一八日から二五日までの台湾海峡北部と福建省沖合の島での三軍合同演習という触れ込みだった。これに対して米国が空母二隻を中心とする艦隊を派遣したため、中国軍の演習は二波の途中からしりすぼみとなり、大事にはいたらなかった。

一連の中国軍の演習は、軍首脳が李登輝訪米と翌年の台湾総統直選を結びつけ、選挙後に「李登輝が米国と結託して台湾独立を宣言するのではないか」との危機感を強めたためにとった威嚇行動であった。もとより李登輝にも米国にもそうした意図はなかったから、中国軍の動きはもっぱら国際社会に中国脅威論を高める結果を招いた。日米両国が九六年四月に安保条約の「防衛協力のための指針」見直しに合意したのもその現れである。その意味では逆効果の方が大きかった。しかしこの台湾海峡危機を通じて、諸外国は中国が台湾の動きにこれほどまでに神経質であることを再認識させられた。以来、台湾と外交関係を持たない国で総統在任中の李登輝を招く国はなかった。海峡危機で中国の対外イメージは悪化したが、一方で李登輝の訪問外交も頓挫をよぎなくされたのである。

明るみに出た密使の往来

中台間では、毛沢東・蒋介石の時代から鄧小平・蒋経国の時代を通じて、双方の首脳のメッセージや親書を携えた密使の往来が続いていた。主に中国側が台湾を平和統一するための条件を密使を通じてもちかけ、台湾側が相手の真意や手の内、内情を探るためにコミュニケーションに応じるというパターンだった。密使の往来が途絶えたのは、中国が文化大革命で内乱状態に陥った時くらいのものであった。文革が終わり、鄧小平が一国二制度の台湾平和統一提案を大々的に打ち出して世界の耳目を集めた。しかし、実はその内容は五〇—六〇年代初頭までの密使往来のなかで毛沢東の意を受けた周恩来が行なった提案とそう変わりない（山本勲『中台関係史』藤原書店、参照）。指導者が変わっても、中国共産党政権の台湾統一戦略に根本的な変化はないのである。

同じことはいまの江沢民政権についてもいえる。統一交渉の糸口に密使を使う方法も同じである。李登輝の総統在任中も密使の暗躍説が台湾、香港のメディアを中心にしきりに取り沙汰されていたが、李登輝退任後の二〇〇〇年七月に中台双方の関係者が内情を暴露したことで一気にこの問題が明るみに出た。まず中国側の密使の一人である賈亦斌《かやくひん》（中国国民党革命委員会名誉副主席）という人物が、台湾のインターネット・メディア『明日報』のインタビュー（七月六日配信）で、その一部を暴露したのが発端となった。続いて中台の密使接触を仲介した香港在住の南懐瑾《なんかいきん》というかつて李登輝の息子夫婦の教師だった人物の弟子、魏承思《ぎしょうし》が、より広範な接触の内容を台湾の雑誌、新聞を通じ写真入りで明らかにした（七月一九日付け『中國時報』紙など）。さらに李登輝の密使役を務めた側近の蘇志誠《そしせい》（総統府秘書室主任）と鄭淑敏《ていしゅくびん》がこれをおおむね認めると同時に、彼らしか知らない新事実を打ち明けた。

中国、香港、台湾の三者の説明には食違いもあるが、概略は以下のようになる。魏承思の暴露によると、まず李登輝が総統に就任した八八年、中国の楊尚昆《ようしょうこん》・国家主席の意をうけた楊斯徳《ようしとく》（中共中央対台工作小組弁公室主任）と賈亦斌が香港で南懐瑾と会い、李登輝との接触を希望した（賈亦斌の説明では李登輝の方から接触を求めてきた）。九〇年末、李登輝の密使、蘇志誠が香港で楊斯徳と会談、蘇は李登輝が近く内戦状態の終結を宣言し、国家統一綱領を制定して対中関係の打開に動くことを明らかにした。楊は、中共中央は李登輝を肯定的に評価しているので、李の在任中に統一問題を解決したいと応じた。以来、九一年から九二年六月までに双方は香港で数回会談、台湾側は平和協定を締結するための公開協議の開催と協定締結後の経済協力などをもちかけたが、中国側がこれに応じなかった。（賈によると、台湾側は中国が武力不行使を保証するよう求めたのに対し、中国側は①共同で台湾独立に反対する②経済でお互いに助け合う③中華民族の文化交流を促進し、犯罪取締で協力する——などを盛り込んだ平和協定を逆提案したが、台湾は応じなかった。）しかし九二年六月の会談で、汪道涵・海峡両岸関係協会会長（中国）と辜振甫・海峡交流基金会董事長（台湾）による、中台の交流団体のトップ会談を開催することでは大筋の合意に達した。

魏承思が暴露した秘密接触はここまでだが、台湾側当事者の蘇志誠や、途中からこれに加わった鄭淑敏によると、中台の接触はその後、南懐瑾を外してさらに九五年まで続いた。台湾側の密使は同じだったが、中国側は江沢民側近で党中央弁公庁主任の曽慶紅に替わり、場所も香港から珠海（広東省）やマカオに移した。鄭が中國時報紙のインタビュー（七月二〇日付）で明らかにしたところでは、蘇志誠と曽慶紅《そうけいこう》は九四年に珠海で初会談を行ない、計二、三回会談を重ねた。議題は平和協定の締結や三通、共同資源開発、犯罪取締での協力などだったが、合意書を取り交わすところまではいかなかったという。九五年に台湾の立法委員の郁慕明《いくぼめい》が密使問題を立法院で取り上げ、秘密接触の事実が発覚しかかったので直接会談を続けられなくなった。しかし、鄭はその後も香港のある筋を介して江沢民につながるパイプを維持し、李登輝と江沢民の意思疎通はこのルートを通じて李登輝の退任まで保たれていたという。以上が二〇〇〇年夏に明るみに出た李登輝時代の中台秘密接触のあらましである。

国共内戦時代に蒋介石と毛沢東は激烈な戦いを繰り広げる一方、水面下で密使を使った虚々実々の駆け引きを続けたが、似たようなことが九〇年代にも行なわれていたわけである。おそらく今回明らかになったのは李登輝と楊尚昆・江沢民の秘密接触の一部であろうし、なぜこの時期にこうした暴露がなされたのか、政治的な背景も不明確である。したがって本稿では公表された内容を紹介するにとどめたい。

辜振甫初訪中から李登輝「二国論」へ

中台関係は李登輝時代の末期に入って再び一触即発の危機を迎えた。この危機は現在の陳水扁時代に直結する多くの問題をはらんでいるのでくわしく経過を紹介する。九六年春の海峡危機後、中国は対米、対台湾の戦略修正を行なった。軍主導の高圧的な武力威嚇政策が思わしい成果をあげなかったため、今度は党・政府主導の微笑外交に転じた。まず対米関係の修復を急ぎ、次いで中国市場に熱い眼差しを注ぐ米国、台湾の経済界を取り込んでクリントン政権と李登輝政権の政策修正を迫る「以商囲政（ビジネスを以て政治を包囲する）」の策である。こちらはかなりの成果をあげた。

米経済界はクリントン政権に中国との関係改善を求め、九七年一〇月には江沢民の公式訪米が実現、米中は「建設的な戦略的パートナーシップ」を構築することで合意した。台湾経済界でも李登輝に対中投資の緩和を求める動きが高まり、李登輝を守勢にたたせた。翌年六月にはクリントンが多数の大手企業家を伴って初訪中し、上海市民との対話集会で台湾に関する「三つのノー（台湾独立、一中一台や二つの中国、主権国家で構成する国際機関への台湾の参加——の三つを米国は支持しない）」を公言した。これは国際社会への本格復帰をめざす李登輝や台湾住民に衝撃を与え、李登輝「二国論」発言の伏線となった。

米中接近が進むにつれて中台の対話復活を求める気運も高まり、クリントン訪中から四ヵ月後の九八年一〇月中旬に、辜振甫が初訪中、上海で汪道涵、北京で銭其琛《せんきしん》(副首相)、江沢民と個別に会談した。中国が辜振甫を招いた狙いは、クリントンに「三つのノー」を言わせた勢いを背に、台湾との間で統一のための政治交渉を始める足場を築くことにあった。中国側は一連の会談で台湾に、江沢民の八項目提案(第3章一三七ページ)に沿って「一つの中国の原則のもとでの政治交渉、もしくはそのための準備協議」に応じるよう繰り返し求めた。

辜振甫はこれに対して、まず(九五年六月の李登輝訪米後に中国側がキャンセルした)「海基・海協両会の実務協議の早期再開」を求め、政治対話を始めるには「対等の存在」としての中華民国を認知し、統一に向かうには「大陸の民主化」が先決と応酬した。辜振甫は江沢民政権の要求に一歩も引かず、堂々と渡り合った。

しかし総統の残り任期が二年を切った李登輝は、クリントン政権の中国傾斜を後ろ盾とした江沢民政権の政治統一攻勢を受けて台湾の将来に対する危機意識を強めた。李登輝政権のそれまでの中台関係の定義は「一つの、分裂・分治の中国」のもとに「中華民国と中華人民共和国という、二つの対等の政治実体が存在する」というものであった。だが「政治実体」というあいまいな概念を用いても国際社会の認知はなかなか得られず、米国からは中国との政治協議受け入れを求める様々の働き掛けが強まりだした。このままでは自分の引退後に、「一つの中国の原則」をかかげる中国の平和(政治)統一攻勢に絡めとられる恐れが出てきた。だからポスト李登輝時代に備え、中台関係に法理論的、制度的裏づけのある明確な一線を引いて、中国の統一攻勢に対抗できる〝防壁〟を固める必要があった。

各種情報を総合すると、クリントン訪中後に蔡英文を召集人とする作業グループが国家安全会議の下で対策の検討を始め、辜振甫訪中後にその作業が加速した。(1)九九年五月には、両岸（中台）関係を新たに国家と国家の関係と定義し、それに基づいて憲法や関連法規を修改正すべき、との報告がまとまった。(2)まず中華民国憲法第四条の「中華民国の領土はその固有の領域に依り、国民大会の決議なくしてこれを変更することはできない」という条文を凍結。次に「中華民国の領土を本憲法の有効実施地域〔即ち台湾、澎湖、金門、馬祖の四つの島――筆者注〕とする」との修正条項を加える。さらに、全ての法律の中の「台湾地区」との表記を「中華民国」に、「大陸地区」を「中華人民共和国」にそれぞれ変更する――などである。李登輝はこの報告にもとづいて九九年七月九日、ドイツの放送局、「ドイチェ・ウェレ」のインタビューにこたえる形で両岸関係を「国家と国家、少なくとも特殊な国と国の関係」とする新定義（通称、李登輝「二国論」）を打ち出した。

李登輝がこの時点で二国論を国内外に〝宣言〟した第一の理由は、同年秋に予定された汪道涵の台湾訪問に先手を打つ狙いがあった。李登輝は同年八月末、「中共は国慶節当日、北京に集まった各国使節を前に、汪道涵を台湾に派遣し一国二制度のもとで両岸問題の話し合いを始める、と発表する計画だった」との情報を明らかにしている。(3)果たして中国側にそうした計画があったかどうかはともかくとして、汪道涵訪台を多分に意識した発言であったことはここからも明らかである。

第二に、総統選が本格化する前に二国論を打ち出すことで、次期総統にこれを継承させようとの狙いもあったであろう。当時、国民党の後継候補に擁立するつもりの連戦の民意調査での支持率は一〇%台に低迷していた。一方、李登輝に反旗を翻した宋楚瑜《そうそゆ》が三〇%台後半で大きく先行し、陳水扁が二〇%台前半でこれを追っていた。宋楚瑜が当選すれば李登輝路線は覆される恐れがあったし、陳水扁では独立色が強まり過ぎて中国との戦争の危険が増す。そこで自らの二国論と連戦をワンセットで選挙民に売り込み、連戦のてこ入れと二国論の定着を期した、とも読める。

二国論を言うことで退潮気味の台湾外交を盛り返したい、とも考えたであろう。銭其琛は辜振甫との会談で「中国は一六二ヵ国と国交を有するが、台湾はわずか二〇数ヵ国に過ぎない。我々はこの趨勢をさらに拡大することができる」と脅しともとれる発言をしている。中国はバチカン、パナマなど台湾の関係国への切り崩しを進めており、今後も劣勢は免れない。中国との対等の国家関係を諸外国にアピールし、外交戦での巻返しに役立てようと考えたとしても不思議はない。

（1）九九年一二月の筆者の大陸委員会首脳インタビュー、『自由時報』二〇〇〇年五月一六日付「李登輝主政一二年・風雲系列四之一」、張慧英『李登輝一九八八～二〇〇〇執政十二年』（天下遠見出版股份有限公司、二〇〇〇年五月）一九九頁。
（2）『中國時報』二〇〇〇年一二月一八日付。
（3）『中國時報』一九九九年九月一日付。

二国論の衝撃と米中の反応

台湾の各種民意調査によると、二国論は高い支持（同意）率を獲得した。調査機関によってばらつきはあるが、発言への同意率は高いもので七〇％台に達し、一部外省人系メディアの調査を例外として、おおむね過半数の支持を得た。三人の総統候補者のうち連戦と陳水扁は直ちに支持を表明した。宋楚瑜は態度表明を控えて二国論とは距離をおいたが、翌年一月五日には両岸は「準国際関係」と定義して半分追随した。全面否定すれば前年末に金銭疑惑で低下した支持率をさらに落とす恐れがあったからだ。二国論で後任総統の対中政策に枠をはめることには、それなりの成果を収めたといえよう。激怒した中国が汪道涵の訪台をキャンセルし、発言の撤回を求めたのはある程度折り込み済みだったはずである。

ただ、二国論発言は中国はもちろんのこと、日米両国にも事前の根回し抜きになされたため、両国政府・外交当局にかなりの当惑と不快感を与えた。北京の西側外交筋によると、発言の直後に訪中したスーザン・シャーク米国務次官補代理が北京での内輪の会合で李登輝非難をまくしたてた、とされる。クリントンが同年九月のオークランドでの江沢民との会談で、李発言が「米中双方に多くの困難をもたらした」と述べたのも、その表れであろう。そのことが李登輝に次の行動をとることを難しくさせた形跡がある。駐米代表の陳錫蕃《ちんしゃくはん》も同年一二月に立法院で、二国論が米台の信頼関係に影響を及ぼしており、「二〇〇一年の米新大統領の就任前に双方の実質関係を格上げすることは困難になっている」と証言している。(1) もっとも、事前に根回しすればクリントン政権の強い反対にあい、それでも強行すれば米台関係はさらに悪化していただろう。李登輝はこれくらいの反発は予想していただろう。

中台関係を「特殊な国と国の関係」と新たに定義したからには、李登輝が次のステップとして憲法、法律、政府組織などの諸制度をそれにもとづいて修正、変更したいと考えていたことは当然であろう。まず新定義を打ち上げ、内外の反応を見守ったうえで、できることなら憲法や法律の修改正まで進みたかったはずである。そこまでいけば、自身が一二年間の総統在任期間に築いた対中路線が覆る懸念は払拭できる。しかし、それは中国との戦争の危険をおかすことになる。仮に中国の対応が軟弱で、米国内に二国論支持の世論が高まるような状況なら改憲に動いたかもしれないが、結果は逆であった。

クリントンは七月一九日の江沢民との電話会談で、「二つの中国」政策の堅持を再確認することで、二国論への〝不支持〟を間接的に表明した。一方、江沢民は「台湾独立には武力行使の権利を放棄しない」と強調した。米中が二国論の制度化阻止で連携する構えを示したため、李登輝としてもさらに前進することはできなかった、というのが実情だったと思われる。

（1）『中國時報』一九九九年一二月三〇日付。

中国は二国論の憲法盛り込み阻止に全力

中国は李登輝発言の二日後に、党中央台湾工作弁公室と国務院台湾事務弁公室がこれを非難するスポークスマン談話を発表し、その後は国内マスメディアや香港の左派系紙誌を通じて連日の猛烈な非難キャンペーンを再開した。二カ月前のベオグラードの中国大使館爆撃事件で米国と対立し、国内では法輪功対策に追われていただけに、虚を突かれたかたちで、怒りもひとしおだった。曰く、二国論は「国家分裂の企み」であり、李登輝は「千古《とこしえ》の罪人」「国家・民族の裏切り者」「トラブルメーカー」等々。

一方で武力威嚇も行なった。七月一五日に中性子爆弾の設計技術を保有していると発表し、八月二日には長距離ミサイル「東風三一号」の発射実験成功を発表、ロシアから購入した新鋭戦闘機Ｓｕ二七が台湾海峡中間線付近を頻繁に周回飛行し、何度か台湾側に越境した。文章で攻め、武力で威嚇する「文攻武嚇」政策は、九五年夏からの危機時の再現とも言えた。しかし、今回は江沢民の軍に対する掌握力が強くなっていたせいか、前回のように軍首脳が第三次国共合作の要求を持ち出して江沢民の八項目提案を無視するといった越権行為はみられなかった。武力威嚇も党・国家の台湾戦略の一翼を担う形で、政治目的を達成する一つの手段として組み込まれていた。

今回は台湾住民や周辺国の反感をかきたてるような露骨なミサイル演習は行なわず、外部に公表した三軍合同の数万人規模の大規模軍事演習は九月上旬の一回だけだった。それも九月一二日の江沢民・クリントン会談の直前に事後発表した。「台湾独立には武力行使の権利を放棄しない」との江沢民のかねての発言に重みをもたせる狙いがあったとみられる。

八月一八日に閉幕した全国台湾弁公室主任会議では銭其琛が「台湾の平和統一・一国二制度の基本方針と江沢民八項目提案の堅持」を再確認している。江沢民はこの提案を九五年一月に発表したが、同年六月に李登輝が訪米するや国内でも無視される状態が翌年一月の李鵬演説で言及されるまで続いたのである。今回は李登輝非難の舌鋒は鋭く、新聞は販売促進の狙いもあって戦争ムードを煽ったが、軍の動きには党主導の統制がとれていた。

では今回の文攻武嚇の狙いはどこにあったか。第一の目標は二国論の徹底批判を通じて台湾の世論やクリントン政権に働き掛け、李登輝に発言の撤回を求めることだが、それが難しいことは十分承知していたはずである。不屈とも頑固ともいえる李登輝の気性は過去の攻防を通じて理解していたし、台湾の過半数の住民が李発言を支持したからである。第二の目標は、二国論のエッセンスを現行の中華民国憲法に盛り込み、憲法修改正を通じて中台関係を国家関係に変えようとの試みを阻止することである。おそらくはこれが今回の最重要目標だったと思われる。

香港の中国系政治雑誌『鏡報』(九九年九月号)は中国指導部が七月末の北戴河会議(毎年夏に全国の党・

政府幹部が、避暑地・北戴河に集まり、国家の重要問題を協議）で二国論対策として当面、「一批、二看、三準備」の戦略をとることを決めたとの注目すべき報道を行なっている。まず二国論と李登輝を徹底的に批判して相手の動きを観察し、李登輝が憲法改正まで進むなら武力行使に踏み切る構えで、そのための準備を整えておく、というわけだ。

憲法改正問題についてはまず七月一四日発の新華社論文が、李登輝発言後に独立派諸勢力が台湾の領土変更や中台を国家関係と定式化するための憲法や法律修正案を続々と提起し始めた、として警戒心をあらわにしている。(1) 二〇日には党中央台湾工作弁公室と国務院台湾事務弁公室が、「台湾の分裂勢力が二国論にもとづいて憲法修正することに断固反対する」との責任者談話を発表した。続いて中国側の台湾研究者や交流団体幹部らが相次いで外国紙のインタビューに応じ、「台湾が憲法を修正すれば、中国は独立宣言とみなして武力攻撃する」との明確なメッセージを送った。(2)

既述のように七月一八日には江沢民がクリントンとの電話会談で「武力行使の権利」を強調しており、もし台湾側が二国論にもとづく憲法修改正に動いていれば中国がなんらかの武力行動をとった可能性はきわめて大きい。それだけ江沢民政権は憲法修改正の阻止に懸命だったといえよう。歴代の中国の平和統一提案（葉剣英《ようけんえい》、鄧小平、江沢民）はすべて「一つの中国」を大前提としており、台湾がこれを名実ともに否定する制度改正に踏み切れば武力統一しか道はない、と彼らは考えた。江沢民も二国論の憲法盛り込みを放置すれば国内で集中非難を浴び、政権維持が危なくなったはずだ。

中国や米国の動きを見極めたか、李登輝は憲法修改正には踏み込まなかった。七月二九日、台湾の国民大会（憲法改正機関）は、民進党代表の、憲法に二国論を盛り込む動議を否決した。国民党主席の李登輝がその気なら改正は可能だったが、そうはしなかった。李登輝は八月一一日に国民大会の蘇《そ》南成《なんせい》議長らとの会談でも「(二国論を)憲法に盛り込む必要はない」と語っている。[3] しかし李登輝は八月末の国民党大会で憲法改正はしないことを再確認する一方で、二国論を党決議に盛り込んだ。諸般の情勢からいますぐ改憲しないが、いつでも出来るように体制だけは整えたわけだ。

ともあれ、中国は李登輝発言が憲法改正に発展するのをひとまず食い止めたことでひと安心した。九月に入って徐々に文攻武嚇の矛を収めつつあった二一日に台湾中部で大地震が発生、七月中旬からのキャンペーンはぴたりと止んだ。中国側は地震を理由にしているが、真相は李登輝が当面、二国論にもとづく憲法改正を仕掛けないことが明確になったからとみられる。そうでなければ地震の復旧が一段落した後にキャンペーンを再開していたはずである。江沢民政権にとって地震の発生は、いきり立つ軍部や世論の沈静化にはむしろ好都合だったと思われる。

(1)『人民日報』一九九九年七月一五日付論文「李登輝窮途末路的掙扎」。
(2)『日本経済新聞』一九九九年七月二四日付、周建明上海社会科学院亜細亜太平洋研究所長インタビュー。『朝日新聞』一九九九年八月四日付、李亜飛・海峡両岸関係協会副秘書長インタビュー。『東京新聞』一九九九年八月一七日付、李家泉・中国社会科学院台湾研究所研究員インタビューなど。
(3)『中國時報』一九九九年八月一二日付。

陳水扁の総統当選と中国

二〇〇〇年一月二八日、銭其琛中国副首相は北京で開いた江沢民八項目提案五周年を記念する座談会で「台湾独立は両岸間の戦争を意味する」と発言した。台湾大地震の発生後、中国は文攻武嚇の矛を収め、総統選挙に影響を及ぼすような言動を意識的に控えていた節がある。前回の総統選では李登輝の当選を阻むために激烈な文攻武嚇を繰り返し、かえって李登輝の得票率を引き上げたからだ。今回は宋楚瑜か連戦の当選を予想して静観を決め込んでいたが、宋楚瑜が前年末に発覚した金銭疑惑で大幅に支持率を落としたために様相が一変した。宋楚瑜の支持票がダークホースの陳水扁に流れる一方、連戦の支持率は低迷を続けた。銭其琛の発言は、中国が台湾独立派と敵視する陳水扁に当選の可能性がでてきたことに対する焦りのあらわれといえた。

続いて二月二一日に国務院が発表した「一つの中国の原則と台湾問題」と題する「新台湾白書」は、中国が台湾に武力行使するケースとして、新たに「台湾当局が交渉による両岸統一問題の平和解決を無期限に拒否する場合」を加えた。中国はこれまでは、「台湾独立や外国の台湾植民地化、台湾が統治不能の混乱に陥った時には、国家主権を守るために武力行使も辞さない」と言ってきた。今度はこれらに加えて、台湾が統一交渉を拒み続ければ、「武力行使を含むあらゆる断固たる措置をとる」と宣言したわけで、共産党政権の統一戦略が一段と能動的、攻撃的なものに変化したと言えよう。香港の中国筋によると、この白書は本来、総統選後に発表する計画だったが、陳水扁の当選を阻むために予定を繰り上げたとされる。

総統選直前の三月一五日には朱鎔基首相が全国人民代表大会閉幕後の記者会見で、「だれが登場しても台湾独立を行なうことは絶対にできない。我々は武力行使の放棄を絶対に承諾しない」と述べて、露骨に総統選に介入した。しかし、一連の〝口先介入〟は陳水扁の当選を阻むには無力であった。三月一〇日に李遠哲《りえんてつ》・中央研究院長が陳水扁支持を表明。陳水扁が同日、李遠哲を中心に許文龍《きょぶんりゅう》ら有力企業家の参加する国政顧問団の名簿を発表したのを機に、陳水扁の支持率が急上昇し、勝利を決定づけた。中でも李登輝との関係が極めて親密な許文龍が、一三日に陳水扁の訪問を受けた後の記者会見で、「李登輝路線の継承者は陳水扁」と語った効果は大きかった。

総じて言うなら、第一回総統直選では中国の激烈な文攻武嚇がかえって李登輝の得票率を過半数に引き上げたが、第二回総統選では中途半端な介入はいかなる意味でも、大きな影響を及ぼさなかった。李登輝が「二国論」を打ち上げた時から陳水扁の総統当選まで、中国は台湾のめまぐるしい変化に振り回され続けた。予想外の出来事は「すべて李登輝の陰謀」に帰し、かえって李登輝を〝神格化〟する結果となった。

二国論が出た直後、ある汪道涵側近筋は「李登輝は両岸の緊張を極度に高めて戒厳令を布告し、総統選を延期して現職に居座るつもりではないか」とみた。当時、中国軍内に不穏な動きがあったことは後に台湾の国防部も認めているが、江沢民指導部は相手の挑発に乗るまいとばかりに、これを抑えこんだ。彼らが統一派とみなす宋楚瑜が総統選レースを独走していたので、李登輝の改憲を阻止したあとは、選挙を静観し、李の退陣を待った。ところが頼みの宋楚瑜が九九年末の金銭疑惑でつまずき、雲行きが怪しくなった。そこで宋楚瑜、連戦のどちらかの当選を望み、独立派の陳水扁に打撃を与えるような口先介入を始めた。国民党の組織力、資金力をもってすれば最後は連戦が勝つ、との思いも強かった。

唯一の不安は李登輝が土壇場で連戦を棄て、陳水扁を支持する「棄連保陳」を仕掛けることだった。筆者も、二〇〇〇年に入って各方面の中国筋からしきりに「李登輝の本心」を聞かれた記憶がある。

もちろん筆者に確たる情報や見通しがあるはずもないが、外国人にこんな話を聞かなければならないほど中国の疑いや不安は強かったのであろう。それだけに選挙の土壇場での許文龍発言は、中国の「李登輝の陰謀」に対する疑いを確信に変えた。李登輝は水面下で許文龍と連絡を取り合い、許文龍を通じて陳水扁に「李登輝路線の継承者」とのお墨付きを与え、李登輝支持者の票を陳水扁に回した、というわけだ。しかし、筆者の知り得た情報の範囲では、李登輝と許文龍の間にそうした連携はなかった。

李登輝と許文龍

確かに両者の関係は「肝胆あい照らす」極めて緊密なものだった。九五年ころに許文龍が社内での講演をまとめた「台湾の歴史」と題する小冊子を李登輝に送ってから、特に親しくなった。以来、会えば数時間にわたって話し合い、お互いの電話連絡も頻繁だった。同じ日本の植民地時代に教育を受けた世代的共通性に加え、私利私欲を超越して台湾のために尽くしたいとの使命感で、有無あい通じるものがあったようだ。

しかし、両者の間にはだれが次期総統に望ましいかをめぐり、かねて意見の食い違いがあった。筆者は九九年六月に許文龍から、大意以下のような話を聞いたことがある。

……もし次期総統に連戦か宋楚瑜がなったら、李登輝総統の進めた民主化が幾分後退する懸念がある。宋楚瑜が総統になれば、軍や特務の力が復活する可能性がある。(台湾の少数派である) 外省人が政権を握れば、(統治のために) こういう道具を使わざるをえないからだ。連戦は人柄はいいが、母が外省人で、子供の時から外省人同然に生きてきた。彼の側近の多くは反李登輝の外省人だ。台湾のためには陳水扁が望ましいが、単独では勝てない。李遠哲と組めばチャンスがある。国民党主席の李総統が陳水扁を支持することはできないだろうが、せめて中立になってほしいと説得したが、いっこうに耳をかしてもらえない。李総統は自分の影響力を過信しているのではないか……。

つまり、許文龍は李登輝に連戦を本気で応援しないよう働きかけたが、李登輝は連戦支持の考えを変えなかった。李登輝は連戦が（徐立徳《じょりっとく》や関中《かんちゅう》などの）外省人の側近を頼りにしていることは分かっているが、自らが党主席として連戦政権をコントロールできると考えている。それは自分の影響力への過信だ——というわけだ。筆者は許文龍の口から初めて李登輝に対する批判めいた発言を聞き、一瞬わが耳を疑ったものである。両者の間にはこのころすでに〝さざ波〟がたっていたようだ。別の李登輝周辺筋によると、九八年ころには李遠哲を総統候補に擁立しようとの動きが許文龍を含む周辺から出て李登輝も一時は傾きかけたが、党内の強い抵抗にあい断念したともいわれる。

許文龍はその後、連戦と陳水扁の連合（連戦総統・陳水扁行政院長）も考えたようだが、連戦周辺から李登輝に対して選挙前の党主席辞任を求める声が強まったことに憤慨した。許文龍にとって、それは李登輝時代の一二年の功績を踏みにじる動きと映ったし、連戦では李登輝路線の継承は望めないとの確信も強まった。それが選挙直前の陳水扁支持発言につながった。

許文龍はかねて台湾のマスコミに登場するのを極力避けてきた。テレビカメラを前にした会見に応じるのは並大抵の決意ではなかったはずだ。顔を知られれば、大好きな釣りをゆっくり楽しむことができなくなる。もともと彼は政治にかかわらない、純然たる企業家として成功した。アジア一般の華僑型企業家は政界と密着し利権を獲得して事業を拡大したが、許文龍の場合は物作りやコスト管理、マーケティングといった企業家本来の創意工夫で奇美実業を世界最大のＡＢＳ樹脂メーカーにのし上げたのである。「本来、企業家は政治に関わるべきではない」と許文龍は考えていた。しかし今回の選挙で再び外省人に政権が移れば、「李登輝時代に実現された公平がそこなわれる。これについては私の良心が許さなかった」。会見の三日後、許文龍は筆者にこう語った。

しかし、そのころ連戦の応援演説に飛び回っていた李登輝にしてみれば、極めて困ったことになった。いくら声を張り上げて連戦への投票を呼び掛けても、〝芝居〟としかとられなくなったからだ。激高した李登輝が周囲に許文龍を大声で非難したとされるが、時すでに遅しであった。自分が非難されていることを知った許文龍は人を介して、そうすることがあなたにとってプラスとなるのならこれからも遠慮会釈なく非難してほしい、とのメッセージを送ったという。

李登輝周辺筋によると、李登輝は少なくとも選挙終盤においては懸命に連戦を応援した。宋楚瑜の支持率急落後に、連戦陣営内から李登輝をないがしろにするような言動が目立ちだしたことにはかなり心を痛めたようだ。しかし、最後には自分が必要とされる局面が来るはずだし、そこで応援すれば連戦は当選後も自分の意見を尊重する、と踏んでいたようだ。許文龍の言うように、自らの力を過信したのかもしれない。

さらに、自ら擁立した連戦が負ければ責任を問われ、李登輝自身の影響力低下は免れない。李登輝が地位に固執する人物でないのはその後の展開が示しているが、政権交代期の混乱を恐れたと筆者は推測する。李登輝は選挙中に陳水扁を「青いりんご」と称したが、後述するようにかなり本音を含んでいたとみられる。自分ですら軍や特務、警察などの国家の安全を左右する権力機構を掌握するのに五年かかった。年若い、民進党員の陳水扁にいま一気に政権が移行し、しかも自分が国民党主席を下りれば、だれも局面をコントロールできない権力の空白状態が発生する、と恐れたのではないだろうか。李登輝の許文龍批判には、為政者の苦労がわかっていない、といったニュアンスも感じられる。

ちなみに李登輝と許文龍の関係は選挙後に修復された。選挙敗北後の騒ぎや政権交代のごたごたが一段落したところで、李登輝は許文龍に「不幸中の幸いだった」と意味深長な話をしたという。「不幸」とは連戦の惨敗とその後の国民党の内部抗争のことであろうが、「幸い」が何を意味するかはいろんな解釈が成り立つ。政権移行が予想以上に円滑に進み、結果的に台湾の民主化プロセスが加速したことを意味しているのか。陳水扁が思っていた以上に政治家として成長していたということか。あるいは、敗北後の党内の露骨な李登輝引きずりおろし工作を目のあたりにし、こういうことなら早めに民進党に政権が移ってかえってよかった、と考えたのか。このあたりは本人でなければわからない。

2 陳水扁時代の到来
——「急進台独」イメージを越えて

李登輝と陳水扁

巷間、李登輝と陳水扁の間に特別な関係があるかのように言われて久しい。曰く、李登輝モーゼの後継者は陳水扁ヨシュアで、李登輝は台湾の将来の指導者として、陳水扁を時間をかけて養成している、といった話を九〇年代半ばからよく聞かされたものである。陳水扁の政界入りのきっかけは七九年一二月の美麗島事件（高雄市で警官隊と民主化を求めるデモ隊が衝突、民主派人士多数が投獄された）で黄信介《こうしんかい》の弁護士を務めたことにあったし、李登輝と黄信介の関係も良好だった。黄信介を媒介として両者にかなり前からつながりがあったか否かについては、筆者はよく知らない。ただその後、陳水扁が民進党の若手立法委員として、軍部の特権や腐敗問題で軍を牛耳る郝柏村《かくはくそん》を激しく追及したことは、軍権掌握に苦労していた当時の李登輝にとっては強力な〝援軍〟と映ったであろう。

九四年末の台北市長選では、「棄黄保陳」現象が起きた。新党の趙少康《ちょうしょうこう》の当選を阻むために、国民党支持の本省人までが当選の可能性の低い現職の黄大洲《こうたいしゅう》を棄てて、民進党の陳水扁に投票したのである。この時には党主席の李登輝とその腹心の党秘書長、許水徳《きょすいとく》が「棄黄保陳」を水面下で仕掛けたか、少なくとも放任した。当時の国民党執行部筋によると、陳水扁は選挙期間中に許水徳に密かに面会を求め、許水徳はこれに応じている。許水徳は陳水扁が当選後に挨拶にこなかったことに心証を害したというから、陳にそれ相応の協力をしたのであろう。陳水扁はこの勝利で一躍、民進党最大のホープにのしあがった。

しかし、李登輝は九八年末の台北市長選挙で不可解な行動に出る。続投をめざす陳水扁に対して国民党は馬英九《まえいきゅう》をたてたが、李登輝ははじめは馬の応援に消極的だった。外省人の馬英九はもともと李登輝とは付かず離れずの関係を保っていたが、九七年四月の凶悪な女性誘拐殺人事件で警察の対応が後手に回り、政権批判が強まった際には、突如政務委員を辞任して李登輝に打撃を与えている。党内の候補者難から李登輝も市長選への馬英九擁立を渋々受け入れたが、本心は陳水扁支持と周囲はみていた。李登輝自身も、信頼する側近や周囲の人々に対して暗に陳水扁支援を促すような発言をしていたという。

ところが選挙の土壇場で李登輝が「新台湾人」という言葉を用いて馬英九を応援し、馬の勝利を決定づけた。突然の方向転換に怒る周囲に対して、李登輝は「国家の安全のためだ」と謎めいた弁解をしたという。当時、米国が独立派、陳水扁の急速な台頭に警戒心を強めていた。前年の地方首長選挙では、各地で陳水扁の応援演説に黒山の人が集まる「陳水扁現象」が起きて民進党が大勝した。陳水扁は一躍、二〇〇〇年総統選の有力候補に躍り出たが、米政府は陳水扁総統の誕生で中台戦争が起きることを心配した。李登輝は、陳水扁が市長選に連勝すれば米政府が台湾の内外政策に事細かに干渉してくるであろうことを懸念したのかもしれない。

李登輝自身もこのころ、陳水扁はまだ次期総統には尚早と考えていた節がある。筆者は九八年夏に李登輝のきわめて親しい友人から、李が陳水扁を「(シャープな)カミソリ」と評し、「カミソリでは困るんだな、折れやすいから。日本刀になってもらわないと」と語っていた、という話を聞かされたことがある。市長としては優秀でも、国家指導者になるのはもっと経験を積んでから、という思いがあったのだろう。とんとん拍子で出世する陳水扁の頭をここらでたたいておこうと考えたかもしれない。

前回は黄大洲に勝ち目がなく、放っておけば反李登輝の急先鋒だった趙少康が当選する可能性もかなりあった。今回は陳水扁と馬英九が大接戦を演じている。国民党主席の自分が勝つ見込みのある自党候補を応援しなければ、党内の批判は免れない。当時、李登輝は「宋楚瑜は受け入れないが、馬英九については今後の動きを見守る」(李登輝の友人)構えで両者を区別して考えていた。最後に応援に出て勝利を決定づければ馬は自分に忠誠を尽くす、と期待したのかもしれない。

「李登輝は馬英九の優勢をみて、勝ち馬に乗っただけ」(当時の国民党非主流派)との指摘もあるが、「馬英九は土下座して李登輝に応援を請うた」(李登輝周辺)とされるほど、白熱した選挙戦だった。李登輝が「新台湾人」というスローガンで馬英九を支援した効果は、やはり大きかった。陳水扁にしてみれば、土壇場で梯子をはずされたような思いがしたであろう。筆者は九九年一二月に陳水扁にインタビューした際に、「李登輝総統があの時点で新台湾人を言ったのは間違いだった、という声をよく聞くが」と、この点に話題を向けてみた。宋楚瑜の金銭疑惑が発覚する数日前のことだった。当時、陳水扁は支持率二位につけていたが、最後は宋楚瑜の当選を阻むための「棄陳保連」が起きて政治的将来を失うのではないかとの観測さえあった、かなり苦しい時期だった。

それまで立て板に水のように政見を語っていた陳水扁は一瞬考え込み、「これについてわたしには特に意見はない」とのみ答えた。「そうだ」と答えれば、李登輝票の取り込みにマイナスだし、「そうではない」などと心にもないことは言いたくない。あるいは、「新台湾人」を肯定したととられかねない発言をすれば馬英九と同じ外省人の宋楚瑜を利するだけと考えたか、その辺はわからない。ほんの数秒の沈黙だったが、陳水扁の胸にはいろんな思いが去来しているようにも感じられた。

筆者は九八年七月にも台北市政府で陳水扁にインタビューし、市長選への抱負や、国政における民進党の戦略、中国政策などを聞いたことがある。陳水扁の政治的主張に特に変化はなかったが、市長の時は話し方や態度、物腰が硬く、ぎすぎすとして余裕のない印象を受けた。日々の市政のストレスや強敵、馬英九の市長選出馬による焦燥感などが重なっていたようだが、立法委員時代の溌剌とした若さが消え、目付きがかなり険しくなっていたのが気になった。ところが、総統選はさらに厳しい戦いだったが、インタビュー時の受け答えには前回よりも落ち着きが感じられた。挫折を経験して胆《はら》がすわったというか、政治家として一回り大きくなったような感じがした。

陳水扁は総統当選後、三月三〇日に総統官邸に李登輝を公開訪問した。その後も非公開で訪問を重ね、五月二〇日の就任式までに少なくとも計三—四回は会ったようだ。陳水扁は全民の総統となることを宣言して民進党の活動とは一線を画し、李登輝は国民党の主席を辞任したため、お互いに会いやすくなった。双方の関係筋によると、陳水扁の総統就任後も両者は緊密な関係を保っているようだ。閣僚や総統府資政、国策顧問などの人事に李登輝人脈の重用が目に付くが、「李登輝は人事への介入を控えたが、陳水扁が彼の意向を読んで進めた結果」（李登輝周辺筋）ともいわれる。宋楚瑜が当選すればもちろんのこと、果たして連戦が当選した場合でも、李登輝をここまで尊重したかは疑わしい。許文龍は選挙の前に、「李登輝の価値は、陳水扁が当選した場合にもっとも高くなる」と筆者に語っていたが、これまでのところほぼその通りの展開となっている。

それにしても第二回総統民選に至るまでの数年間の台湾政治をふりかえるたびに、筆者は摩訶不思議な思いにとらわれる。それは波瀾万丈のドラマであると同時に、謎の多い推理劇のようにも見える。筆者なりに大別すると、第一幕では李登輝が台湾省凍結に動き、李登輝と宋楚瑜の対立が決定的になった。第二幕では李登輝が馬英九を支援したこともあって、陳水扁が台北市長選に敗北し、総統選出馬のきっかけを作った。第三幕では総統選レースで大きく先行していた宋楚瑜が金銭疑惑でつまずき、宋・連・陳の三候補者がほぼ横一線に並んだ。これで連・陳連合の芽も消え、終幕では李遠哲や許文龍らの支持表明によって陳水扁が劇的な逆転勝利を飾った。

推理小説なら最大の受益者が真犯人という筋書きが多いが、陳水扁は終幕以外では完全な部外者である。許文龍や李遠哲もほぼ同じだろう。連戦と宋楚瑜は敗者、いわば被害者である。だから李登輝陰謀説が出るわけだが、李登輝は第一幕から二幕までの当事者で、第三幕にもなんらかの関わりがあると推測されるが、既述のように肝腎の終幕には関与していない。あえて想像をたくましくすれば、李登輝はこの数年間、きわめて親密な関係にある周囲をも欺き通したということになる。許文龍らの陳水扁支持に怒ったふりをしながら、内心ではそれを望んでいたというわけだ。

しかし仮に李登輝がそれほど複雑な策謀家だったとすれば、連戦が負ければどのみち党主席辞任に追い込まれることも読めたはずである。なにも土壇場であれほど懸命に連戦を応援したり、陳水扁や許文龍を罵る必要はなかった。ただ、李登輝の選挙中の発言は陳水扁や許文龍との関係にほとんどしこりを残していないようなのが、また不思議ではある。宋楚瑜の金銭疑惑を背後で仕掛けたのがだれなのかも、はっきりしない。わからないことだらけだが、全局面を操った人物やグループはやはり存在しなかったのではないか。諸派、諸勢力がそれぞれの思惑で動くなかで複雑な〝化学反応〟を起こし、最後に陳水扁の当選という台湾多数派である本省人の望んでいたところに落ち着いたのではないか。時がたてば、もっと真相がみえるようになるのかもしれない。

陳水扁と中国

九〇年代の西側諸国や中国の陳水扁イメージは「急進的な台湾独立主義者」という点で共通していた。陳水扁は八九年末の立法委員選挙に立候補した際に「台湾独立万万歳」をスローガンとして掲げ、当選後は立法院で外省人が牛耳る国軍の特権や腐敗追及で派手なパフォーマンスを演じた。陳水扁はその後も一貫して台湾ナショナリズムを鼓舞する公開発言を繰り返した。「国名は変更せねばならない」(九五年一月)、「台湾は独立にむかうべきだ」(九八年六月)、「両岸(中台)は特殊な関係をもつ(二つの)華人国家」(九八年一二月)などで、台北市長という中華民国首都の長になっても独立の主張を堅持した。李登輝「二国論」発言に対してもただちに支持を表明、二国論の憲法盛り込みや国家統一綱領の廃棄を提起した。そして総統選では独立派の集会で「台湾独立万万歳」を繰り返した。だから、諸外国が陳水扁を急進独立派とみたことには十分な根拠がある。

ところが陳水扁は当選の可能性が高まりだした選挙の終盤になって、台独の主張を急速にトーンダウンさせた。二〇〇〇年一月二八日に銭其琛が「台湾独立は戦争を意味する」と警告すると、翌日には「北京が武力行使の意図をもたないかぎり、一方的に独立宣言することは絶対にありえない」との談話を発表した。これを手始めに、総統当選後は「三不（二国論の憲法盛り込み、統独問題での公民投票、国号の変更の三つをしない）」を言い、総統就任演説ではさらに「国家統一綱領や国家統一委員会を廃止する問題は存在しない」を加え、合わせて「五つの不（しない）」を宣言した。陳水扁は選挙中にも「国家の安全を最優先する」と繰り返し言ってはいたが、それにしても大きな変身ぶりだった。

特に陳水扁が当選後の挨拶まわりで、「邦連（国家連合）」をも（中国と）「十分議論する余地がある」と述べたことは物議をかもし、李登輝が「そこまで軟化して中国のご機嫌をとる必要はない」と注文をつけたほどだった。筆者は総統就任式（五月二〇日）のほぼ一〇日前に台北に入り、各方面を取材した。陳水扁が民進党の台湾独立路線から李登輝の独立台湾の現状を維持する政策に回帰しはじめたことに安堵感が広がる一方で、陳水扁を熱心に支援した独立派内に「どこまで中国に譲歩するのか」との不満も出始めていた。独立派きっての理論家である立法委員の林濁水《りんだくすい》は「ここまではいいが、これ以上の譲歩は（民進党の）原則を損ねる。陳水扁はぎりぎりのところにきている」と就任演説を間近に少々心配気であった。

国家安全会議の副秘書長に内定していた邱義仁《きゅうぎじん》に「米政府が陳水扁の対中政策に強い圧力をかけているそうだが」と聞くと、「米国には（陳水扁と民進党に）ステレオタイプのイメージがあるから、（心配して）しょっちゅういろいろ聞いてくるだけで、圧力ではない」との説明だった。しかし陳水扁には、それだけでも相当な心理的負担になったはずだ。陳水扁が就任演説について、「米国が満足し、国際社会が肯定し、中国は不満でも、武力行使の口実を与えない内容にする」と語ったのは、対中政策の変更が第一に米国の支持を固めるためであったことを物語っていよう。

果たして就任演説は狙い通りの結果をもたらし、クリントンは陳水扁の「責任ある態度」を称賛した。中国を刺激する発言は控え、予告通りに「五不」を約束し、「善意による和解、積極的協力、永久平和」を呼び掛けた。米国は陳水扁政権が台独路線を邁進することで中台、米中戦争の「引き金」となることを何より恐れていたが、その不安は大幅に和らいだ。しかも人権尊重を掲げて米国と価値観を共有することを強調し、国際社会復帰の突破口をも開こうとしている。

注目すべきは、米国の支持取り付けと戦争回避のために一見、大幅な政策変更をしたようにみせながら、陳水扁の長年来の基本的立場は貫徹している点である。「台湾独立」を一言も言わないで独立派の歴史観をしなやかに披瀝し、新国家の建国宣言ともとれるシグナルを彼の支持者に送っている。演説冒頭で「台湾は立ち上がった！」という言葉を四回使ったが、これは毛沢東が四九年一〇月一日の新中国建国宣言で「中国人民はここに立ち上がった！」と宣言した史実を想起させる。末尾の「台湾人民万歳！」は「台湾独立万万歳」の「独立」を「人民」に置き換えたとも読める。中盤で、「四百年前、台湾の秀麗なる山河は世界からフォルモサ――美麗島と称された」と述べ、末尾では「フォルモサに暮らす一人一人が『台湾の子』である」と言いきっている。これは中国とは別に、「台湾人四百年の歴史が存在する」という独立派の歴史観を反映している。

筆者は就任演説を聞きながら、その前日に陳水扁の側近が「我々は陳水扁政権の発足をもって第二共和国が誕生したと考えている」と語っていたことを思い出した。台湾土着の政党の民進党が政権党となり、「台湾の子」陳水扁が総統になったのだから、すでに内実は台湾共和国ができたに等しい。「五不」を言うのは、米国からトラブルメーカーとみなされたり、中国に武力行使の口実を与えて国家の安全をそこなわないためであって、自分は台湾人としての原理、原則を曲げたわけではない。陳水扁が彼の最大の支持勢力である独立派に向けたメッセージは、こんなところではないだろうか。

たしかに「五不」を言う前に、「中共が武力発動の意図をもたない限りにおいて」と条件をつけているのは、中国がその意図をもてば、独立を宣言するといっているのに等しい。「共同で将来、『ひとつの中国』の問題を処理していけると確信している」ということは、いまは中国の主張する「ひとつの中国」は存在していない、との反論ともとれる。全体として練りに練った演説内容だった。就任演説に対する台湾の各種民意調査では、「満足」との答えが八割前後に達した。当選から就任式に到るまでの独立派の不安もほぼ解消した。

それにしても陳水扁政権の登場によって、中台関係はこれからどうなるのか。それを占うには陳水扁という人物や彼の中国観をもっとよく理解する必要がある。そう考えた筆者は、総統就任式前後に彼の側近や関係の深い周囲の人々の陳水扁評を聞いて回った。結果は彼の立法委員や台北市長時代の外部のイメージとはかなり異なるものであったことに、少々驚くと同時に、なるほどとうなずける面も多々あった。曰く、陳水扁は「実は柔軟なプラグマティスト」、「理解力に優れ、何事も学ぶのが早い」、「苦労人で人の意見をよく聞く」、「物事を決める際には用心深く慎重だが、いったん決めると意思を貫く」「李登輝世代と異なり、中国とか中国文化に対する抵抗感が少なく、(二・二八事件に代表される)過去の歴史への恨みもない」——などである。陳水扁と関係の良い人々の評価が肯定的なのは割り引いて受けとめるとしても、多くは一面の事実なのであろう。

一方、陳水扁の党内外の政敵は彼をこう評していた。「言うことがくるくる変わる」、「アジテーターとしては優れているが、思想、哲学がない」、「強硬、傲慢で協調性に欠ける」、「度量が狭く、細かいことまで自分で管理したがる」、「党内の重要問題の会議でも、議論には加わらず、決定にのみ参加する」等々。マイナスの評価のかなりは、陳水扁の台北市長時代や、民進党の党内抗争時のもので、彼自身が著書『台湾之子』で反省している面もある。九八年の市長選に負けるという大きな挫折を味わったことが、陳水扁を一回り大きくしたことは確かだろう。また人間の長所、短所は相対的なもので、ある人にはそれが長所とみえ、別の人には短所とみえることも少なくない。

ともあれプラス、マイナスこれだけの評判をもとに、陳水扁の中台関係についての基本的な考え方を筆者なりに分析してみると、まず諸外国や中国が抱いた「急進台独」のイメージは、大衆受けを狙った彼の派手なパフォーマンスや刺激的な発言に影響された、表面的なものだった。ふりかえってみると、陳水扁は民進党派閥間の台独論争で急進派の「新潮流」と穏健派の「美麗島」の間を取り持つ役割を演じてきた。八八年四月の臨時党大会では、前年一一月の第二回党大会に続き、党綱領に「人民は台湾独立を主張する自由を有する」との文言を加えるべきか否かで論議が沸騰した。陳水扁は「四つのもし」、すなわち、もし「国共両党が一方的に平和統一交渉を行なう、国民党が台湾人民の利益を売り渡す、中共が台湾を統一する、国民党が真の民主憲政を実施しない」場合には、「民進党は台湾は独立すべきと主張する」との修正案を提起して両派の決裂を回避した。

九〇年一〇月の第四回党大会第二回代表大会では「台湾の主権は中華人民共和国と外蒙古共和国には及ばない」との決議案に対して、陳水扁は「台湾の事実上の主権は中国大陸と外蒙古に及ばない」との修正案を提起して内容を穏健化させた。さらに、九一年一一月の第五回党大会でも、「主権独立自主の台湾共和国を建立する」との、いわゆる台独綱領案を、「主権独立自主の台湾共和国を建立し、新憲法を制定する主張については、国民主権の原理にもとづき、台湾の全住民の公民投票の方式に委ねて決定されねばならない」と修正した。

こうして陳水扁は大衆の前では、彼らの心をとらえる鮮烈な言動を行なう一方、党内論争では始めは旗色をはっきりさせず、最後に登場して結論のまとめ役を演じてきた。ポピュリストではあっても、独自の思想・イデオロギーで大衆を引っ張る教祖タイプではない。人の話に慎重に耳を傾けながら、手際よく結論をまとめあげて実をとる、歳に似合わぬ老練な一面を備えている。総統選では中間路線を打ち出したが、党内の独立論争ではもともと中間派だったともいえるのである。

だから「柔軟なプラグマティスト」とも言えるが、「いったん決めたら変えない」頑固さもある。たとえば、陳水扁は九〇年代半ばから施明徳《しめいとく》や許信良《きょしんりょう》らが国民党との連立政権を模索しはじめたことに一貫して強く反対した。台北市のように、民進党が市長ポストを抑えたうえでの、民進党主導の連立ならいいが、国民党が総統や立法院の多数議席を占めている状況での連立はすべきではない。日本社会党凋落の二の舞を演ずることになる、という理由からだった。確かにそのころに民進党が国民党政権に参加していれば、彼らの金権・黒金政治に染まり、今回の総統選勝利はなかっただろう。陳水扁にとってこの点は政権奪取のためのきわめて重要な原理、原則にかかわるとみたから、安易な妥協を排したのであろう。では中国との関係における彼の原理、原則はなんなのか。

二つの国家の特殊な関係

再び就任演説に戻ると、陳水扁は台湾に四百年の歴史が存在することを前置きしたうえで、中台関係について以下のように述べている。「過去百年来、中国は帝国主義の侵略を受け、歴史に消しがたい傷跡を残した。台湾はさらに複雑な運命をたどり、前後して強権に苦しめられ、植民地統治まで受けた。こうした似通った歴史に遭遇し、両岸人民には互いに理解しあい、共に自由・民主・人権を追求する決意をする重厚な基礎があるはずである。」「海峡両岸の人民は、血縁、文化、それに歴史の背景を共有しており、……共同で、将来『一つの中国』問題を処理していけると確信している。」

つまり、過去四百年の台湾の歴史を中国史の外に置き、過去百年来の台湾と中国が似通った（相同的）歴史に遭遇した、と言っている。台湾が一六八三年の鄭氏政権滅亡から日本の植民地統治までの間、清王朝の版図下にあったことへの言及は避け、海峡両岸の人民が共有するのは、「血縁、文化、歴史の背景である」と言って、地理的（領土的）共有性には触れていない。「内外の華人」とは言っても、「内外の中国人」とは言っていない。すなわち中国大陸と台湾、中国人と台湾人の間に一線を引き、両者と世界の華僑・華人を総称する場合には「華人」という言葉を使っている。あからさまには言わなくても、その根底には陳水扁がかつて主張したように、海峡両岸は「特殊な関係の（二つの）華人国家」もしくは「二つの国家の特殊な関係」（九九年一一月出版の中国政策白書）との認識があることは疑いない。

ちなみに陳水扁の総統選への公約ともいえる中国政策白書は、就任演説よりも明確に自らの原理、原則を表明している。曰く、台湾は一つの主権独立国家であり、台湾と中華人民共和国はお互いに隷属せず、統治せず、管轄しない、二つの国家である。主権の独立と国家利益に影響を及ぼさないとの前提下で、相近い（相近的）文化と血統根源にもとづき、台湾と中華人民共和国の関係は、一般の国家間よりもさらに特殊で、密接であるべきだ。両国の特殊関係のゆくえ、および現状を変えるあらゆる決定には台湾人民の同意が必要である――等々。

陳水扁はこれらの原則のもとで、中国と経済貿易、軍事面での信頼醸成、平和条約締結などを議題とした交渉に入る考えを表明していた。陳水扁のこうした考えは、彼が九〇年一〇月に立法院に提出した「中華民国と中華人民共和国の基礎条約」案においてさらに鮮明である。その意味でも彼の中台関係についての基本的な考え方には一貫性がある。要約すれば、台湾と中国は二つの主権独立国家だが、本来は他の外国よりは密接な関係にあるべきで、そのためには両国が基礎条約ないし平和条約を締結して平和共存の枠組みを構築し、相互交流と協力を拡大すべき、というわけだ。

ただ、その先に何があるかについては総統当選後の陳水扁の言い方はあいまいである。かつて唱えた台湾の独立宣言は中国が武力を発動する意図を持たない限り、しないことを約束した。中国の一国二制度方式での統一に応じないことも繰り返し明言している。したがって、李登輝路線を継承し主権独立国家としての中華民国の現状を維持することが当面の政策となる。一つの違いは、陳水扁が四月二二日に孫運璿《そんうんせん》（元行政院長）を表敬した際に、邦連（国家連合）について「十分議論する余地がある」と比較的前向きともとれる発言をし、李登輝の批判を招いたことである。陳水扁は六月二〇日の総統就任後初の定例会見で、記者の関連質問に「いわゆる邦連は、未来の両岸関係の発展プランのなかの一つの基本的考え方にすぎない。実現可能かどうかは、人民の自由意思の選択を尊重する必要がある」とも述べている。李登輝や独立派の反発で発言をややトーンダウンさせた印象があるが、陳水扁が未来の両岸関係の〝着地点〟として邦連を考えている可能性はかなりありそうだ。

筆者は二〇〇〇年の五月中旬に、陳水扁の複数の側近から「陳水扁は連邦はノーだが、邦連なら受け入れる考えがある」との話を聞いた。連邦と邦連の違いは厳密に定義、議論しなければならないが、おおまかに言えば連邦制のもとでは米国のように、一つの国家主権のもとに、地方政府・自治体が幅広い自治権を持つ。対して邦連は欧州連合（ＥＵ）のように複数の主権国家同士の連合体である。台湾が主権独立国家としての地位を放棄して中国との連邦を構成することはありえないが、真の意味での邦連が実現できるなら、それは陳水扁の過去の一連の発言とも矛盾しない。台湾は主権独立国家だが、中国とは「血縁、文化、歴史の背景を共有する」特殊な関係にあり、一般の外国よりも密接であるべきとすれば、邦連が将来の選択肢の一つであっても不思議ではあるまい。もちろんそのためには「台湾人民の同意」が前提であることは言うまでもない。

陳水扁の側近が指摘する李登輝と陳水扁の違いは世代の違いである。台湾人民のアイデンティティーと自決権を最優先する点では両者は一致している。しかし、中華民国の成立後に生まれ、その教育を受けた陳水扁以下の世代と、日本の植民地教育を受け、二・二八事件に代表される白色恐怖を経験した世代では、思想を形成した環境に大きな違いがある。前者には李登輝前後の世代の本省人にみられる中国への抵抗感や不信感、怨念の感情は薄いようだ。たとえば陳水扁が開設した弁護士事務所の名前は、「中国」の古称だった「華夏」である。長男の名前、致中は陳水扁が儒教の中庸からひらめいて名付けたという。もし中国や中国文化を嫌悪していれば、これらの名前を付けたりはしなかっただろう。その意味で陳水扁が就任演説で、善意による和解や積極的協力を中国に呼び掛けたのは、単なる言葉の遊戯ではないはずだ。

一方、李登輝世代前後のオールド独立派の本音からすれば、どういう形にせよ中国とは一緒になりたくない。中央、地方の関係はもちろん、たとえ邦連であっても、心理的抵抗が先にくる。邦連のつもりでつながりをもっても、いつのまにか連邦、さらには一国二制度に引きずり込まれるのではないか、との大陸や共産党政権への不信感も根深い。同じ独立派でも、陳水扁やもっと若い世代ではこうした抵抗感、不信感は薄い。

筆者が陳水扁と李登輝の違いをさらにあげるとすれば、両者のパーソナリティーの違いと、中国とわたり合った経験の差であろう。パーソナリティーでは、李登輝は強固な自己の思想、信条で大衆を引っ張る教祖型であるのに対し、プラグマティストの陳水扁は選挙に勝つためにも大衆のニーズ、心情をつかむことに全力をあげ、成功してきた。大衆心理に敏感であることは政治家として大事だが、時には大衆受けを狙って発言が揺れ動くこともある。企業社会でいえば李登輝は創業者オーナー。陳水扁は宣伝やマーケティングにたけた有能な実務型経営者にたとえることもできそうだ。また学者出身の李登輝は書物などを通じて自らの中国観を形成し、さらに総統として中国との厳しい攻防をくぐり抜けてきた豊富な経験がある。陳水扁の場合はそんな余裕もなく政治活動に入り、しかもほとんどが国民党との闘いである。主に台湾の現実政治のなかで自らを磨いてきた陳水扁にとって、いきなり総統として中国と向かい合うのは、かなり荷が重いことは十分理解できる。

陳水扁は総統就任演説では狙い通りの成果を収めたが、時にこうしたハンディキャップを想起させる出来事も起きている。当選後に邦連を言い出して李登輝にクギをさされたことはすでに触れた。もし陳水扁が邦連を本気で考えているとしたら、中国との政治交渉を始める前に邦連を言うのは、戦術的にも賢明とはいえないだろう。一方的に交渉の手の内を明かすことになるからである。共産党政権の交渉戦術は多くの場合、「討価還価《タオジャホアンジャ》」である。邦連を言って交渉をしても、邦連を実現することはできないだろう。六月二七日には「新政府は九二年の『一つの中国、各自表述』の共通認識を受け入れたい」と述べて独立派の強い反発を招き、三日後には「中共の『一つの中国』原則のわなには絶対にはまらない」と力説し、急いで軌道修正をはかった。

台湾側が「一つの中国、各自表述」を受け入れても、中国はこれを足場に「各自表述」に反対して「一つの中国」の原則でさらに押してくるであろう。中国との緊張緩和をいつまでも最優先していると、ずるずると譲歩を重ね、相手のペースにはまる恐れがある、と独立派は懸念する。陳水扁はこれらを勘案して発言を修正したとみられるが、経験不足と内部の足並みの乱れは否めない。プラグマティストの陳水扁は教祖型の李登輝に比べ、米中の圧力や台湾内各派の声といった目先の現実に左右されやすい性向がある。中国は陳水扁のこうした弱点を突いて、様々の政治攻勢、揺さぶりをかけてくるだろう。

陳水扁政権にとっての最大課題は、政権の安定と対中路線でのコンセンサスを固めることにある。陳水扁は李遠哲を中心とする超党派小組（作業グループ）を通じた対中政策のコンセンサス形成をめざしているが、そのためにはかなりの時間が必要だろう。独立派を支持母体とした陳水扁政権が、立法院多数派の国民党や宋楚瑜の親民党、さらには反台独の軍部をも納得させる路線、政策を確立するのは相当に難しいからだ。二〇〇一年末の立法委員選挙はその意味でも重要である。民進党が過半数議席を占めれば陳水扁政権の安定度が増し、自前の中国政策を打ち出しやすくなるし、逆もまた真なりである。

一方、米国や中国の顔色をうかがったり、国民党や親民党の支持層の取り込みを狙った言動が度を越すと、彼の支持基盤である民進党や独立派の不満が強まることになる。足元がゆらいでは到底、安定政権は望みえない。ここに大きなジレンマがある。だから陳水扁の言動はこれからも微妙に揺れ動く可能性があるが、そんなことを繰り返していると台湾人民の信頼を失うことにもなりかねない。陳水扁は政権交代期の問題処理にめどをつけた後に、もう一度原点に戻る必要がありそうだ。彼の総統選における最大の勝因は黒金《ヘイチン》政治（やくざの政界進出と金権政治）の打破を訴えたところにあった。公約通り台湾内部の政治改革に腰をすえて取り組み、着実な成果を積み上げることが安定政権への本道であろう。また、その努力を抜きにしては対中政策で台湾人民の納得するようなコンセンサスを固めることもできないであろう。

陳水扁時代の中台（両岸）関係

次章で詳述しているように、江沢民政権の台湾政策は九五年一月の八項目提案（江八点）であり、これは相手が陳水扁政権に変わっても基本的には同じである。武力で台湾独立の動きを封じ込め、「一つの中国」の原則のもとで台湾と政治交渉を行ない、一国二制度の方式で台湾を統一しようというわけだ。汪道涵は、すぐに統一交渉をするのが難しければ、まず敵対状態終結の取り決めを結ぶための政治交渉、あるいはその準備協議から始めよう、とも提案している。一国二制度といっても、香港やマカオに比べより大きな自治権を認める、とも言っている。台湾が「一つの中国」の原則を受け入れさえすれば何でも話し合える、と繰り返し強調している。近年の新たな動きとしては、二〇〇〇年二月の「新台湾白書」で、台湾が無期限に統一交渉を拒否する場合をも武力行使の対象に加えたことが指摘できるが、これは路線の変更ではない。政治交渉を受け入れさせるための圧力を強化するという、いわば戦術面での調整である。

中国共産党政権の路線変更は通常、指導部の交代がないかぎり起きない。毛沢東から鄧小平への交代で急進社会主義から改革・開放への大きな路線変更があったが、江沢民政権は鄧小平路線を継承しており、台湾統一政策も基本的には同じである。江沢民は二〇〇二年の第一六回党大会で国家主席と党総書記を退く意向とされるが、党中央軍事委員会主席の地位には留まり、〃院政〃を敷く考えのようである。そうであれば、陳水扁政権や米国の動きに極端な変化がない限り、二〇〇四年の次期総統選までの四年間に中国が一方的に台湾政策で大きな路線変更を行なう可能性は小さい、といえる。

たとえば、もし中国が統一のタイムテーブル（時間表）を公表すれば、それは武力統一に大きく傾いたことを意味する。逆に、一国二制度にこだわらない姿勢を打ち出す場合には国内の統治形態の修正をも内包することになり、それらは路線変更といえるが、そうした事態は江沢民体制が続く限り起きないのではないか。国内混乱で事実上の軍事クーデターが起きるとか、「和平演変」の事態になれば別だが、いまはその可能性を除いて議論を進める。

中国が陳水扁政権の登場に際してとった対応も、江沢民の従来の台湾政策の延長である。陳水扁が独立路線を進むことを武力威嚇で阻み、彼が「五不」を約束した就任演説後は「一つの中国」原則の受け入れを求めて硬軟両用の政治攻勢を展開している。陳水扁当選の可能性が出始めた時点で「台湾独立は戦争を意味する」（銭其琛）と牽制し、投票日直前まで陳水扁攻撃の文攻を強化。当選後は「その言を聞き、その行ないを見る」（党中央台湾工作弁公室、国務院台湾事務弁公室）姿勢を表明する一方で、呂秀蓮《りょしゅうれん》（副総統）を執拗に攻撃して陳水扁の就任演説に圧力をかけた。就任演説から三時間もたないうちに発表した党・国務院の台湾弁公室声明は、陳水扁が「一つの中国」で曖昧な態度をとったことを批判しながらも、二国論を行なわず、海協・海基両会が九二年に合意した「一つの中国原則」を明確に承諾することを条件に、台湾側との対話再開に応じる意向を表明した。

党・国務院が声明の発表を急いだのは、軍や各種団体の不規則行動を封じ込めるためとも言われる。江沢民指導部は、陳水扁が「五不」を約束し、「主権独立国家としての台湾」を言わなかったことにひとまず安堵したようだ。急独（急進独立）の抑えこみには成功した。次の目標は、お家芸の統一戦線工作を強化して陳水扁政権に「一つの中国」を認めさせることである。諸外国や台湾内の統一派や非台独派と連携して「一つの中国」政策推進の統一戦線を組む一方、独立派にはアメとムチを使い分けて分断、孤立化させていく。その過程で陳水扁の変身を促す。中国のこうした戦略、戦術は李登輝政権には十分な成果をあげず、かえって逆効果をもたらすことも少なくなかったが、果たして陳水扁政権の場合はどうであろうか。

武力を後ろ盾に政治統一をめざす中国と、独立状態の現状維持を望む台湾の政治的攻防は、これからさらにめまぐるしくなるであろう。こうした戦略、戦術の優劣は確かに重要だろうが、台湾海峡両岸の将来を決するのは結局のところ、中国と台湾の内部の政治、経済、社会など各方面での改革の成否、優劣にかかってくるのではないかと、筆者は考える。中国が、同胞や諸外国の羨むような国造りに成功すれば、おのずから両岸に求心力が働くし、逆もまた真なり、である。台湾が民主政治の質的高度化や長期の繁栄維持に成功すれば、中国や諸外国もその存在をないがしろにはできなくなる。中国が台湾に武力を行使する際の〝敷居〟はますます高くなるし、新たな「台湾経験」が中国の改革を引っ張ることにもなりえよう。

諸外国は陳水扁が政権交代期に中国との緊張緩和に努めたことを歓迎した。遅かれ早かれ両岸の対話も復活するであろう。その際に中国と対等の立場で話し合うには、陳水扁政権が公約した「全住民のための、清潔な民主政治」を実現することによって台湾内外の支持基盤を固めておく必要があるだろう。これから四年間の改革の成否が、陳水扁政権はもちろん、台湾全体の将来を決することになると思われる。

3　中国――二一世紀の台湾統一戦略

鄧小平の一国二制度と江沢民八項目提案

中国の台湾平和統一の基本政策は、すでに香港・マカオで実施している一国二制度である。中華人民共和国の主権（一国）のもとに、香港・マカオと同様に特別行政区として台湾を統一する。二制度とは大陸で社会主義体制、特別行政区では資本主義体制の二制度の並存を認め、特別行政区に高度の自治権を与えることを指す。しかし、香港・マカオのケースでは、国家主権の核心を成す国防と外交については北京の中央政府がこの権限を有する。一国二制度は七八年末に鄧小平が実権を掌握後、八一年九月に全国人民代表大会委員長の葉剣英を通じて行なった九項目からなる平和統一提案として世に出たが、台湾がこれに応じず、主権を回復した香港（九七年七月）・マカオ（九九年一二月）で具体化することになった。

香港・マカオと異なるのは、台湾については「軍隊も保有できる」として、より広範な自治権を認める方針を示している点だが、その真意は明確ではない。中国共産党政権にとって軍と警察、諜報の各安全保障装置は権力を維持するための中枢である。その中でも軍の役割は特に重要である。中国は台湾に国防の自治権を与えるとはいっていないので、台湾の軍隊は人民解放軍に編入し、台湾域内の地域防衛の役割を分担することになるのであろう。大陸の軍隊を派遣することには台湾側の抵抗が大きいことを考慮して、まず指揮権を握り、徐々に時間をかけて中台両軍の一体化を進める考えとみられる。

一国二制度は鄧小平の創案ということになっている。確かに一国二制度という名称は鄧小平が八二年一月に葉剣英提案をそう呼んだのが始まりだが、中身は毛沢東時代からの平和統一案と大差はない。共産党政権は毛沢東の時代にも水面下のルートを通じて台湾に第三次国共合作による平和統一をもちかけたが、その中でも外交と国防以外の自治権を長期間認める考えを示していた。鄧小平も同様に第三次国共合作、すなわち共産党と国民党の話し合いによって統一を実現しようとした。毛沢東と鄧小平の大きな違いは、前者はこれを秘密に進めようとし、後者は公然と進めようとした方法論の差にある。鄧小平時代には米中が「一つの中国」原則を尊重する約束のもとで国交を結んだから、毛沢東時代のように米国の目を避けて秘密に事を進める必要性が薄れたためであろう。

江沢民時代の統一政策は、江沢民が九五年一月の「祖国統一の大業の完成を促進するために引き続き奮闘しよう」という講話を通じて行なった、台湾への八項目の提案である。この提案は九五年六月の李登輝訪米に激怒した軍部によって一時無視されたこともあった。しかし、江沢民の体制が固まるにつれて中国の台湾統一政策の基本になっているので、その要旨を紹介しておく。

一、「二つの中国」の原則を堅持し、「両岸は分裂、分治状態にある」、「現在は段階的な二つの中国状態にある」などといった、台湾独立を作り出すいかなる言行にも断固反対する。

二、台湾が外国と民間レベルの経済・文化関係を発展させることには異議を唱えないが、「二つの中国」、「一中一台（一つの中国・一つの台湾）」を作り出すことを目的とした「国際的生存空間を拡大する」ための活動には反対する。

三、平和統一交渉を進める過程で、両岸の各党派、団体の代表的人士の参加を受け入れる。また「一つの中国」の原則のもとでは、どんな問題でも話し合える。その第一歩として、双方がまず「一つの中国」の原則のもとで、両岸の敵対状態を正式に終結させる交渉を行ない、取り決めを結ぶことを提案する。政治交渉の名義、場所、方式などの問題については、早期に平等な交渉を行ないさえすれば、必ず双方に受け入れられる解決方法がみつかるはずである。

四、平和統一の実現に努め、中国人は中国人と戦わない。われわれが武力不行使を誓約しないのは、台湾同胞に対してではなく、台湾独立を狙う外国の陰謀に対してである。

五、台湾企業の権益を擁護し、両岸の相互往来を増進し、三通の早期実現をはかる。

六、中華民族の五千年の文化が平和統一を実現するための基礎である。

七、台湾の各党派、各界人士がわれわれと両岸関係や平和統一の意見を交換することを歓迎し、彼らの訪問、参観を歓迎する。

八、台湾当局の指導者が適当な身分で大陸を訪問することを歓迎する。われわれも台湾側の招請を受け入れ、台湾を訪問する用意がある。

この提案の核心は、三番目にある「一つの中国」の原則のもとでの政治交渉の呼び掛けにある。台湾側に統一に向けた政治交渉を受け入れさせるために、相手の意向をも汲んだかなり踏み込んだ提案を行なっている。毛沢東、鄧小平時代と比べての新味は第三次国共合作を言わず、「双方に受け入れられる解決方法」を提起したことである。これは台湾住民の頭越しに共産党と国民党が統一交渉を進めることへの反感に配慮した。さらに「一つの中国の原則のもとではどんな問題でも話し合える」として、一国二制度以外の統一方法をも話し合う用意のあることを示唆した。

李登輝政権は九一年に制定した国家統一綱領で、「一つの中国」の原則のもとで紛争の平和解決や、国際社会での相互尊重を呼び掛けていた。すでにみたように、李登輝のねらいは「一つの中国」原則を尊重する見返りに、①武力不行使を約束する平和協定の締結②中国に台湾の外交を妨害させない――ことを通じて、独立状態の台湾の現状を維持することにあった。逆に江沢民のねらいは、台湾と「一つの中国」原則のもとで敵対状態終結の協定を結ぶことで、台湾の分離・独立を封じ込め、中台統一のレールが敷かれたことを内外に印象づけることにあった。一見、同じような言葉を使いながら、お互いのめざすところはまったく逆なのである。これでは話はまとまるはずもない。李登輝は九五年四月の八項目提案への逆提案（通称、李登輝六条）で、「両岸の分裂、分治状態」を再度強調し、交渉の前提として「政治実体としての台湾の認知」や中国の「武力不行使宣言」などを求めた。そして同年六月の李登輝訪米後に中国軍が武力威嚇を開始して以来、双方の対話は三年あまり中断したのである。江沢民政権はこの間、〝迂回作戦〟をとった。李登輝に直接、政治交渉を求めても効果が期待できないことはハッきりした。そこでまず台湾の後ろ盾である米国の経済界を中国市場に取り込み、経済界を通じてクリントン政権の対中政策の変更を促し、米中首脳の相互訪問を実現した。そしてクリントンに「三つのノー」を言わせた勢いを背に、辜振甫を中国に招いた。そこでも「一つの中国」の原則のもとでの政治交渉の突破口は開けなかったが、汪道涵の台湾訪問ではひとまず合意が得られた。ところがこれも李登輝の「二国論」発言で吹き飛び、二〇〇〇年三月の台湾総統選で予想もしなかった陳水扁の当選という最悪の事態を迎えたのである。

「一つの中国」をめぐる争い

陳水扁の当選は中国を大慌てさせた。台湾唯一のノーベル賞受賞者の李遠哲や、李登輝との関係が緊密な有力企業家の許文龍、中国ビジネスに意欲的な張栄発《ちょうえいはつ》らが選挙の土壇場で陳水扁への支持表明を行なったことが陳の当選に大きく作用した。中国が選挙後に彼らを激しく攻撃したり、四月に入って「中国に進出した台湾企業が台湾独立を支持することを許さない」との警告を発したことは、その動揺の大きさを物語っていた。台湾企業の中国投資を奨励することは鄧小平時代からの一貫した政策だったが、今回は企業に対して初めて独立を支持するか否かという政治的条件を設けたのである。

しかし中国は当選後の陳水扁に対しては名指しの攻撃を避けた。当選の決まった三月一八日夜、中共中央台湾工作弁公室と国務院台湾事務弁公室が「われわれはその言を聞き、その行ないを見つつ、彼〔陳水扁を指す〕が両岸関係をいかなる方向に導いていくのか見守る」との声明を発表するに留めた。陳水扁が選挙の終盤で「北京が武力行使の意図を持たない限り、独立宣言はしない」と公約し、当選の記者会見では首脳の相互訪問や三通実現に前向きの姿勢を示したこともあり、当面はその言動を見守ることにした。

見守るといっても傍観したわけではない。まず、「二国論」を主張した李登輝や独立志向の鮮明な呂秀蓮（副総統）を執拗に非難して陳水扁を牽制した。一方で、銭其琛や国防相の遅浩田《ちこうでん》が国内外で、「台湾への武力行使の権利を放棄しない」（三月三〇日）と発言。台湾への軍事作戦の主力である南京軍区は三月末から四月にかけて陸海空三軍とミサイル部隊の実戦訓練を活発化し、遅浩田が前線を視察した。かつてのような台湾海峡における大規模演習はいたずらに国際社会に中国脅威論を高めるので控えたが、台湾にはそれと分かるシグナルを送って「高い圧力」をかけ続けたのである。

一連の文攻武嚇（文章で攻撃し、武力で威嚇する）のねらいは、まず陳水扁が分離・独立に動くのを防ぎ、次に江沢民八項目提案の核心である「一つの中国」の原則を受け入れさせることにあった。江沢民が三月二〇日に『一つの中国』原則を受け入れさえすれば何でも話し合える」と述べたのを手始めに、中国はあらゆる機会を利用して陳水扁に「一つの中国」を認めるよう求めた。これに対して陳水扁は「一つの中国を議題とした話し合い」を逆提案、中台の立場は平行線のまま現在に至っている。ただ、五月二〇日の総統就任演説で陳水扁が独立問題に関する「五不（五つのしない）」を公式表明したことは、ひとまず中国を安心させた。

国内にあまたの問題を抱える江沢民政権にとって、いま台湾に武力を行使するのは下策である。近代化路線が破綻し、体制崩壊の危機に見舞われる恐れがある。現在の中国軍には台湾をミサイル攻撃する能力はあっても、渡海作戦を行ない台湾本島を制圧するだけの力はない。かといって、もし陳水扁が独立や「二国論」にもとづく憲法修正を行なう考えを表明した場合、公約通り武力行動に出なければ国内が収まらない。陳水扁の就任演説は中国が要求するものの半分を受け入れた。そこで中共中央と国務院の台湾弁公室は就任演説後の声明で、陳水扁が「一つの中国という原則問題であいまいな態度をとった」ことを不満としながらも、「一つの中国原則を堅持するとの海協会（海峡両岸関係協会）と海基会（海峡交流基金会）の九二年の合意にもとづき、両会の接触と対話を望む」意向を表明した。陳水扁が五不を公約したので文攻武嚇を徐々にトーンダウンさせ、次の段階として「一つの中国」原則のもとでの対話再開を求める作戦に転じはじめたのである。

ここで中国のいう「九二年の合意」とは、海協会と海基会の代表が同年秋に香港で会談した時の口頭上の合意で、翌年春の第一回汪道涵・辜振甫会談はこれを基礎に実現した。ところが合意内容を文書で記録、確認しあっていないため、陳水扁政権の登場後はさまざまの解釈が台湾側でなされ、収拾がつかなくなっている。

中国側はこれを「お互いが一つの中国を堅持するが、その政治的意味には言及しない」との口頭上での合意だったと主張する。一方、国民党政権時代の台湾当局の説明は「一つの中国、各自表述の口頭上での合意」ということであった。つまり「一つの中国」は認めるが、その解釈と表現については双方に委ね、相手に自分の解釈を強要しない、ということを口頭で合意した、という意味だった。当時の李登輝政権は「一つの中国」のもとに中華民国と中華人民共和国という二つの政治実体が存在すると主張していたから、台湾側の言う「一つの中国、各自表述」とは具体的にはこのことを意味していた。お互いの言い分は当時から異なっていたが、ともに深く追及せず、あいまいに処理していた。

しかし李登輝が「二国論」を言い出してから、中国は九二年合意が「一つの中国、各自表述」の合意であるとの台湾側の主張を明確に否定するようになった。これを認めれば、台湾に「二国論」(すなわち、一つの中国のもとに二つの国家が存在する)を言う論拠を与えかねないからである。一方、陳水扁のこれについての発言はくるくる変わった。九二年合意を「(一つの中国についての共通認識を得られなかったという)合意のないことの合意」と言ったり、あるいは国民党時代と同様に「一つの中国、各自表述の合意」と言ってあとで発言を修正したり、合意と言わずに「九二年精神」と言い換えたりである。陳水扁を擁立した独立派はいかなる意味であれ、「一つの中国」という言葉に強い抵抗がある。だから陳水扁は国民党政権の言った「一つの中国、各自表述の合意」をそのまま継承することはできないのである。江沢民政権はそんな陳水扁に「一つの中国」の原則を認めさせようというわけだから、ひと筋縄ではいかない。

統一戦線工作で陳水扁に「一つの中国」受け入れを促す

そこで中国が次に繰り出したのが、お家芸の統一戦線工作である。台湾内の「一つの中国」を受け入れる政党、民間各界と統一戦線を組み、陳水扁にこの原則を受け入れるよう政治圧力をかける。政党で分類すれば、外省人政党の新党は小政党ながら明確な「一つの中国」派である。親民党(宋楚瑜主席)と国民党(連戦主席)は、大まかにいえば「一つの中国、各自表述」派である。宋楚瑜と連戦の総統選での得票率を合わせると六〇％に達する一方、陳水扁の総統選での得票率は三九％にすぎない。だからこれら三政党、特に親民党と国民党を引き寄せ、中国流の「一つの中国」を受け入れさせることに成功すれば、多数をもって陳水扁政権を包囲することも可能になる。そこで中国はこの三党の訪中団を積極的に受け入れて抱き込み工作を展開している。陳水扁政権が発足した二〇〇〇年五月二〇日から四ヵ月間に訪中した立法委員の数は全体の約三分の一に達し、陳水扁をいら立たせている。

さらに中国は陳水扁の支持基盤である民進党の分断工作に着手している。同年七月には陳水扁の党内のライバルで、党主席に当選した高雄市長の謝長廷《しゃちょうてい》に廈門《アモイ》市長からの招請状が届き、謝がこれに前向きの姿勢を示して陳水扁をあわてさせた。行政院が謝長廷の訪中申請を却下してひとまず騒ぎは収まったが、この事件は両者の間に少なからぬしこりを残したとみられる。

もうひとつの作戦は、「一つの中国」の定義を台湾人の受け入れやすいような穏やかな内容に変えることである。「一つの中国とは中華人民共和国」と言ってしまっては、台湾人の立つ瀬がない。これで「一つの中国」を認めれば、あとは中華人民共和国に吸収合併されるのを待つほかなくなるから、当然のことながら台湾人は反対する。そこで江沢民に次ぐ中国の台湾問題責任者である銭其琛は七月から、「世界に中国は一つしかなく、(中国)大陸と台湾はともに一つの中国に属する。中国の主権は分割できない」という新定義を、台湾からの訪問団に繰り返し提起しはじめた。銭其琛は「双方は対等の存在で、どちらが大、どちらが小という関係ではない」とも補足しており、台湾人のプライドを傷つけることも少ないわけだ。もっとも、これについては陳水扁政権が反論するように、中国はかねて国際社会においては「中国の唯一の正統政権は中華人民共和国である」と主張してきたから、銭其琛の新定義は台湾人に「一つの中国」を受け入れさせるための戦術的色彩が濃いことも確かではある。また従来通り、台湾企業の大陸投資を歓迎し、彼らには一般の外国企業にはない優遇措置を与える。「台湾独立を支持する企業は許さない」と警告を発しはしたが、進出企業を追い返すといった強硬措置はとっていない。以上が陳水扁政権発足から約半年間における中国の統一戦線工作のあらましである。一連の戦略・戦術がどういった効果を発揮するかは、時間をかけて見守る必要がある。

中国の二一世紀の戦略展開を読む

既述のように中国は陳水扁に「五不」を公約させて当面の独立の動きを封じ込め、二〇〇〇年夏あたりからは江沢民八項目提案に沿って、「一つの中国」の原則のもとでの政治交渉を求める政治工作に重点を移してきた。それでは中国は二一世紀を迎えて台湾統一のためにどういった政策、戦略をとるかを考えてみる。まず、中国共産党の台湾政策は毛沢東、鄧小平、江沢民の三世代の指導者において、基本路線では大きな違いがないことを再確認しておきたい。中国の主権は分割できず、時期はともかく必ず台湾を統一すること、台湾統一に政治交渉を通じた平和統一と武力統一の両用の戦略で臨むこと、統一後の台湾には国家の主権を損なわない範囲で自治権を与えること——などである。毛沢東の時代は当初、武力統一を前面に押し出し、鄧小平、江沢民の時代は主に平和統一を標榜するといった〝装い〟の違いはあったが、和戦両用の基本路線は同じである。少なくとも中国が共産党体制を放棄しない限り、この路線は変わらないとみるべきである。

次に、歴代の指導者は前任者の功績、実績を踏まえて自前の政策を打ち出し、党と国家に新たな貢献をすることを求められている。毛沢東の場合は新中国を建国し、鄧小平は近代化のレールを敷き、一国二制度方式で香港・マカオの主権回復をきめた。江沢民を中核とする第三世代の指導部は近代化路線を継承、発展させると同時に台湾統一、ないしはそのための確かな基礎を築くことを自分たちの使命とした。江沢民の八項目提案はこうした背景のもとに登場した。この提案で江沢民は「祖国の完全統一を実現し、中華民族の全面的な振興を促進することは、すべての中国人の神聖なる使命であり、崇高なる目標である」と述べているが、これは第三世代指導部、その中核である江沢民自身にとって特にそうなのである。江沢民提案の第三項に沿って「一つの中国」の原則のもとでの政治交渉を台湾に受け入れさせることができれば、そのための突破口が開けると考えた。

台湾が中国に対して「一つの中国」の原則のもとで政治交渉を始めるということは、中国といつの日か統一することを内外に意思表示することを意味する。そうなれば「台湾の統一を妨げている」米国や日本をはじめとした諸外国は、台湾から手を引かざるをえなくなる、と中国はみている。ここまでくれば台湾平和統一へのレールはできあがったも同然である。あとは圧倒的な力の差を背景に、台湾各界に統一に向けた政治工作を展開すればよい。拠り所を失い、孤立感を深めた台湾の方から中国に接近してくるであろう。これによって第三世代指導部、わけても江沢民は共産党と国家の歴史に不滅の貢献とその名を刻むことができるわけだ。

もちろん、現実がそう思惑通りに進むはずもないことは百も承知である。常に最悪の事態を想定して対策を練っておくのも中国共産党の伝統である。陳水扁が独立路線に復帰し、そのための憲法修正などの制度変更に動けば武力行使の可能性は大いにありうる。台湾独立を放置すれば江沢民を核心とする第三世代指導部は「逆賊」の烙印を押されることになるし、その前に政権から引きずり下ろされるであろう。したがって平和的か武力によってかはともかく、中国の軍備拡張は少なくとも台湾統一がなるまではその速度を落とすことはないであろう。武力で台湾独立を抑止し、政治的手段で平和統一を果たすというのが共産党政権の過去のほぼ一貫した政策である。中国が本気で武力統一を試みようとしたのは、毛沢東が新中国の建国を宣言し、台湾に逃れた蒋介石を追撃しようとした四九年末から五〇年前半にかけての時期だけである。このもくろみは五〇年六月に朝鮮戦争が勃発し、トルーマン米大統領が第七艦隊を派遣して台湾海峡を封鎖したことでついえ去った。

九〇年代には三度の台湾海峡危機があった。李登輝訪米直後の九五年夏から翌年三月の第一回台湾総統直接選挙にかけて、九九年七月の李登輝「二国論」から九月の台湾大地震まで、二〇〇〇年三月の第二回総統選挙から五月の総統就任式までである。いずれも中国からすれば独立を防ぐための威嚇であって、武力統一の試みではない。現時点では米軍の介入を撃退して台湾を制圧する軍事力のないことは中国もよく分かっている。平和統一のチャンスは常にうかがうが、その最終的な実現のためには強大な軍事力の裏づけが必要というのも共産党政権の共通認識といっていい。

中国の統一攻勢の正念場は二〇〇五年以降か

しかし、変化の芽が徐々に出始めている。二〇〇〇年二月に中国国務院が発表した「一つの中国の原則と台湾問題」と題する文書（通称「新台湾白書」）が台湾に武力行使するケースとして①台湾を何らかの名義で中国から分離させるような重大事件が起こる②外国が台湾を侵略する③台湾当局が交渉による両岸統一問題の平和解決を無期限に拒否する――の三つをあげたことである。①はいつなんどき起こるか分らない。九九年に李登輝が「二国論」を持ち出したのが一つの例である。もし当時、李登輝がこれにもとづいて中華民国の領土を台湾に限定するような憲法修正に踏み切れば、中国は①のケースとみなして武力行使したことは疑いない。②は諸外国の台湾関与へのけん制ではあっても現実性はきわめて低い。

注目されるのは今回新たに持ち出した③の、統一交渉を無期限に拒否した場合、である。米政府、議会がこれに激しく反発し、中国は「鄧小平がかねて言っていたことで従来の政策の変更ではない」と弁明しているが、外に向かって明確に宣言したのは初めてである。国務院が二〇〇〇年一〇月に発表した「二〇〇〇年中国の国防」と題する国防白書も同じ武力行使の三つのケースをあげているから、一時の思いつきによるものではない。これは何を意味しているのだろうか。

江沢民提案が「一つの中国」の原則のもとでの政治交渉を求めてきた経緯からすると、台湾側がいつまでも提案を受け入れない場合は武力を行使すると威嚇する形で、こうした交渉の早期受け入れを促しているととれる。しかし既述のように、台湾側からすれば「一つの中国」との前提条件付きの交渉を受け入れることそれ自体が中国主導の統一を大枠で受け入れることを意味する。政治交渉とはいっても、それは自治権をどの程度認めてもらえるか、といった条件闘争にしかならない。本来、対等な交渉とは無条件か、あるいはお互いの納得する前提条件を十分に詰めたうえでの話し合いでなければならない。「初めに結論ありき」の交渉を拒否すれば武力行使するとは随分、強硬な姿勢である。「無期限に拒否する」場合はといって、具体的な期限を設けていないのも不気味である。その期限は恐らく二、三年先ではないだろうが、十年先か、あるいはもっと先なのかわからない。自らの手を縛らず、有利な時に武力行使するための布石かもしれない。台湾はもちろん、米国までがこれに強く反発したのはそれ相応の理由があるわけだ。

ではなぜ中国はこんな条件を持ち出したのか。素直に読めば、江沢民政権の焦りと苛立ちの反映と受け取れる。江沢民が九五年一月にこの提案を行なってすでに五年が過ぎたが、いっこうに「一つの中国」のもとでの政治交渉の展望が開けない。現状に手をこまぬいていると、台湾はますます遠くに離れて行ってしまうとの危機感もあるだろう。このままでは江沢民は第三世代指導部の中核として党と国家にさほどの貢献をすることもなしに、次世代指導部に権力を譲らなければならなくなる。すでに共産党は二〇〇二年秋の第一六回党大会で党と国家指導部の世代交代を進めることを決めている。江沢民にとって残された時間は限られているから、それまでに何とか台湾を江提案にもとづく政治交渉に引きこみたいと考えた、としても不思議ではない。

しかし陳水扁を相手に二〇〇二年までに江沢民提案を受け入れさせるのはかなり困難である。陳水扁の支持基盤である独立派がこれに強く反対しているからだ。彼らは陳水扁が総統就任後に対中姿勢を軟化させたことに不満を強めている。陳水扁と野党の国民党や親民党の関係は悪化しており、陳水扁が本来の支持基盤を固めるために再び独立志向を示し始めることも予想される。そうなれば江沢民提案の受け入れはおろか、中台関係は再び緊張の度を増しかねない。

一方、江沢民は第一六回党大会を機に党総書記と国家主席を退くが、引き続き党中央軍事委員会主席の地位に留まるとの観測が、二〇〇〇年夏の北戴河会議以降に強まっている。過去一〇年あまりで党と国務院に自派系人脈を多数登用して勢力をかなり固めただけに、そうなる可能性はかなりある。共産党政権では軍権を握る軍事委主席が事実上の最高権力者なので、留任できれば江沢民には二〇〇七年までの時間がある。八項目提案を発表したころの江沢民は台湾統一に大きな功績を上げない限り、とてもこれほどの長期政権を維持できるとは考えていなかったであろう。しかし、朱鎔基首相の奮闘もあって中国経済が高度成長を続けたことが幸いした。

米国防総省をはじめとする多くの軍事機関、専門家の見方では、中台の軍事バランスは二〇〇五年あたりを境に中国優勢に転じ、その後は格差が年々拡大するとされている。中国が目標の七％台の成長を続けることに成功すれば、（すでに先進国の水準に到達した台湾の成長率は五％台、もしくはそれ以下に下降していくだろうから）軍事力を含む総合国力で中台間にかなりの差がつき始めるだろう。そうなれば米国が中台紛争に介入するに際しての〝ハードル〟が次第に高くなる。米国内に介入慎重論が高まる可能性があるからだ。「新台湾白書」の③の圧力が、現実の効果を持ち始めるのである。二〇〇〇年にこうした新条件を掲げたことが五年後には本格的に効いてくるわけだ。新白書が明確にそうした長期的意図をもってまとめられたかどうかは分らないが、少なくとも結果はそうなる。

また中国が新条件を公然と掲げたことは、内部で何らかの統一目標期限を設けている、とのかねての外部観測にも符合する。ひところ香港、台湾で中国が二〇一〇年ころにその目標を設定したとの情報がしきりに流れたが、当たらずといえども遠からず、かもしれない。筆者は九八年一月に汪道涵（海峡両岸関係協会会長）にインタビューした際にこの点を聞いてみたが、「統一のタイムテーブル（中国語で時間表）は両岸で話し合って決めるべきだ」との答えであった。話し合うからには、中国側にその腹案があっても不思議ではないが本当のところはわからない。ともあれ中国が台湾の軍事力をしのぎ出したころから、新白書の③を前面に押し出して「一つの中国」のもとでの統一交渉をより強腰で迫るだろうことは疑いあるまい。

注目されるのは、第一〇次五ヵ年計画（二〇〇一—二〇〇五年）を審議するため二〇〇〇年一〇月に開いた中国共産党の第一五期第五回中央委員会全体会議（五中全会）が、二一世紀の党の三大任務として①近代化建設の推進を継続する②祖国統一の完成（すなわち台湾統一——筆者注）③世界平和の維持、擁護と共同発展の促進——を掲げた点である。二〇〇五年までの最優先課題は引き続き経済発展だが、その次が台湾統一で、世界平和の擁護より優先順位が前にきている。台湾側が早期統一を望んでいない現状のもとで統一を二番目の任務に設定したことは、共産党政権が徐々に平和統一（政治交渉による統一）から武力統一にシフトし始めたことを意味しているとも読める。

二〇〇〇年の国防白書は「世界の不安定と不確定の要因が目に見えて増加しており」、「台湾海峡の情勢は複雑で厳しい」と指摘している。これは前回（一九九八年）の国防白書が「世界平和を擁護する要因が不断に増長し」、「アジア太平洋の政治、安全情勢は相対的に安定している」との見方を示していたのと比べると、かなり大きな変化である。対米関係の悪化と陳水扁政権の登場が厳しい情勢認識をもたらしたとみられるが、中国は外部環境が不利になると国内で強硬派が台頭するというパターンを過去にも繰り返しており、要注意である。二〇〇五年まではひとまず経済建設最優先でいくが、その後はわからない。平和統一の展望がいつまでも開けない場合は、二〇〇五年か二〇一〇年に「祖国統一の完成」を三大任務の最初にもってくる可能性も完全には排除できない。その場合は中国が武力統一に大きく傾斜したことを意味し、きわめて危険である。

香港紙『星島日報』(二〇〇〇年一〇月二〇日付)は、中国の台湾政策の最高機関である党中央対台工作指導小組のメンバーに制服組トップの張万年《ちょうまんねん》・党中央軍事委副主席が加わり、秘書長にはこれまで副秘書長の熊光楷《ゆうこうかい》・解放軍副総参謀長が昇格すると報じた。事実とすれば、軍部が党の台湾政策への影響力を拡大していることを意味しているとも、党が台湾問題で軍のより強力な助けを必要とだした、ともみることができる。

もちろん中国にとって平和統一は「早ければ早いほど良い」(汪道涵)わけで、陳水扁を相手に常にそのチャンスをうかがうだろう。現状では陳水扁が明確に独立に動き出さない限り、自分の方から武力統一を仕掛けることは犠牲が大きすぎるし、失敗する可能性が大きい。当面は陳水扁政権の一段の軟化を促し、野党、経済界など民間各界に「一つの中国」の統一戦線を形成する。陳水扁がいつまでも「一つの中国」を受け入れないなら政権の弱体化をはかり、二〇〇四年の次期総統選で彼らが統一派とみなす候補者の当選を支援する。そして強大化した軍事力を背景に「一つの中国」のもとで統一の政治交渉を受け入れさせる。戦わずして勝つ〝位攻め〟の戦略である。それでもいつまでも台湾が政治交渉に応じないなら、ある時点を境に武力統一主体の戦略に転じる。共産党政権の台湾に対する過去、現在の戦略展開をみての筆者なりの読み筋はこんなところになる。

しかし、政治統一の本当のカギは台湾に対する工作の優劣にあるのではない。中国が二一世紀にどのような国をめざして国造りを進めるのか、そしてその進み具合がどうなるかが大事である。中国が経済のみならず政治システムの抜本的改革に努め、他国の模範となるような国家になれば、台湾内からも自然に統一機運が高まるであろう。だが、江沢民政権の過去一二年の取り組みをみると、台湾が求めるような政治の民主化にはきわめて消極的であった。今後にも多くを期待するのは難しいであろう。とすれば第二のカギは、次の一〇年間も高度経済成長を維持できるかどうかにある。中国は二〇一〇年までの一〇年間に国内総生産（GDP）をさらに倍増させる目標をたてているが、これに成功すれば経済面での吸引力を増すと同時に相当の軍事大国になることも疑いない。そうなれば既述のように、強大な国力を背景に政治統一の道が開けてくるかもしれない。逆に経済建設に挫折すれば国内の不安定度が増し、政治統一は難しくなる。共産党政権はその余裕を失うだろうし、台湾側がこれに応じることもないであろう。党・軍内の強硬派から武力統一論が高まる恐れも大いにある。もし経済の破綻と共産党政権の崩壊を同時に迎える場合には、その混沌はソ連崩壊の比ではないだろう。

日米の対応

台湾に対する中国の統一攻勢が二一世紀にさらに強まることを踏まえ、同盟関係にある日米両国がこの問題にどう対処していくかを最後に考えてみる。第二次大戦後の米国の対中、対台湾政策は二度大きく変化している。米国は蒋介石政権とともに日本と戦った。戦後は国共対立の調停に努めて失敗し、内戦では蒋介石の国民党政権を支援した。しかし蒋介石政権の惨敗に業を煮やしたトルーマン米政権は、五〇年一月には「中国の内部闘争に介入したり、台湾に軍事援助する考えはない」ことを声明した。ところが同年六月に朝鮮戦争が勃発、トルーマン政権は一転して台湾海峡を封鎖した。以来、台湾を防共の「浮沈空母」とみなして巨額の経済軍事支援を行なった。この間、米国は台湾を大陸から切り離す「一中一台」政策を推進しようとしたが、これに強硬に反対する蒋介石との葛藤が続いた。しかし七二年のニクソン訪中を機に、米国はソ連の脅威に対抗するために中国と事実上の戦略的提携関係を結び、「二つの中国」政策へと転換した。七九年一月にカーター政権が中国と国交を樹立する一方、議会は台湾切り捨てに反対して台湾関係法を制定、中国が台湾に武力行使した場合には武力介入する法的措置を講じた。基本的にはこの状態が今日まで続いている。しかし、クリントン政権の時代にはかなりの曲折があった。

クリントン政権は九五年六月に李登輝の非公式訪米を受け入れ、九六年春には台湾海峡で軍事演習を繰り返す中国軍をけん制するために空母二隻をはじめとする艦隊を派遣、米中衝突の危険もあった。九七年秋の江沢民訪米では、一転して米中が「建設的で戦略的なパートナーシップを構築していく決意」を表明し、九八年夏のクリントン訪中ではクリントンが台湾に関する「三つのノー」を言明するなど、同政権の中国傾斜が目立った。

しかし議会、世論がこれに反対し、九九年五月の米ステルス機による在ベオグラード中国大使館誤爆事件によって両国関係は冷え込んだ。米中の戦略的パートナーシップ構築は有名無実化したともいえるが、その後も両国首脳はアジア太平洋経済協力会議（ＡＰＥＣ）の首脳会議などの場を通じて会談を重ね、クリントンは「一つの中国」政策の継続を再確認し、李登輝「二国論」への不快感を表明している。その一方で、クリントン政権は中国の「新台湾白書」には「いかなる武力行使も脅しも拒否する」（ロックハート大統領報道官）と強く警告、中台問題の解決に台湾住民の同意を求めるようになった。九〇年代前半から半ばにかけて台湾に寄り、後半に中国にシフトし、最後に落ち着くところに落ち着いた観がある。

ブッシュ新大統領がどういった東アジア政策をとるかを論じるのは時期尚早だが、少なくとも政権発足当初はクリントンの試行錯誤に学んで機軸を大きく動かすような動きにはでないと思われる。それは東アジアのパワーバランスがきわめて微妙な形で維持されており、政策面であえて新味を出そうとすれば地域の不安定度を増しかねないからである。日米同盟を固め、内実はともあれ「一つの中国」路線を継承し、台湾との関係は現状を維持する。グローバルスタンダードを掲げて中国経済の市場化、政治体制の民主化を促す政策にも大きな変化はないだろう。

ブッシュは選挙運動の期間中に中国を「戦略的競争相手」と呼び、議会が審議中の台湾の安全保障を強化する法案への支持表明を行なうなど、クリントンの対中関与政策を批判してきた。国家ミサイル防衛（ＮＭＤ）や戦域ミサイル防衛（ＴＭＤ）網の開発、配備にも積極的である。だから中国は警戒しているが、一方でブッシュは「一つの中国」政策や中国の世界貿易機関（ＷＴＯ）への加盟を支持している。中国が台湾に武力行使した場合には介入する姿勢を示す一方で、台湾側が独立宣言を行なうなどして挑発した場合には介入しないことも明言している。これらの点では前政権と大きな違いはない。中国を競争相手とみなすブッシュは、九七―九八年にかけてのクリントンのように過度に中国に傾斜することはないが、かといって中国に封じ込め政策を適用した冷戦期に戻ろうとしているわけではない。

二一世紀の中国がどういう国造りをめざすか、それを米国の世論、議会がどう受け止めるかによっておのずから新政権の東アジア政策が固まってくるであろう。クリントン政権のエンゲージメント（関与）政策は中国を国際社会に組み込み、市場経済化を促す点では一定の成果をあげた。しかし江沢民政権は西側方式の民主化を拒み、共産党独裁体制のもとでの富国強兵路線を邁進している。これまでのところ、エンゲージメント政策によって中国を市場経済化から民主化に導こうとした米国の思惑とは裏腹に、一党独裁体制と富国強兵路線には何らの変化もみられない。民主化や人権擁護を求める米国の働きかけは、ほとんど効果をあらわさなかった。このままでは米国とは異質の価値観、体制の国家の強大化を促し、アジア太平洋における米国のプレゼンスを脅かすことになりかねないのである。

歴史的に、米国の東アジア政策の要諦《ようてい》はこの地域に米国を脅かす勢力の登場を許さないことにあった。米国の仮想敵は時代によって、帝政ロシア、日本軍国主義、戦後の中ソ同盟、ソ連の膨張主義と変化したが、この点では一貫している。中国が現在の路線を堅持すれば米国の次の仮想敵となるだろうし、すでにそうなっているといっても過言ではあるまい。かといって冷戦期のような全面的な封じ込め政策はとりたくてもとれない。中国はすでに世界各国と幅広い経済関係を築いており、米国が単独で封じ込めようとしても効果はないし、国内の経済界がそれを許さない。

もっとも現実的な方法は日米同盟を機軸に、韓国や東南アジア諸国など中国の周辺国との関係を再強化することであろう。同時に、関係が緊密な中国とロシア、朝鮮民主主義人民共和国（北朝鮮）、ミャンマーの間にくさびを打ち込み、政治、軍事面での中国のプレゼンス拡大を阻む動きを強めることが予想される。台湾に対しては、中国との戦争の引きがねになるような動きを封じ込める一方で、事実上の独立状態にある現状を維持させるために武器売却などの支援を継続（中国の出方によっては強化）する。「一つの中国」政策を放棄して中国と全面的な敵対関係に入ることは避けるが、政策の運用面で「一中一台」にやや傾くこともありえよう。繰り返すが、いずれも中国の動向次第である。仮に中国の軍拡がスローダウンしたり、国内の政治改革が進みだせばエンゲージメントの側面が強まり、逆の場合はまず政治、軍事面から対抗と封じ込めに傾斜した政策がとられるであろう。

では日本はどうか。この点は拙著『中台関係史』で論じたので重複は避けたいが、要点は日米安保体制、日中平和友好、日台民間交流という三本の柱を従来通り忍耐強く堅持していくことである。このうち日中関係と日台関係のバランスを保つことがもっとも難しいことは言うまでもない。日本は国交回復を決めた七二年の日中共同声明において、「台湾は中華人民共和国の領土の一部」との中国の立場を「十分理解し、尊重する」と同時に、「ポツダム宣言第八項に基づく立場を堅持する」ことを表明した。中国の立場を「尊重する」以上は、台湾の分離・独立を支援する行為は日中共同声明に反する。台湾側が望むように日台の交流を政府間に格上げすれば、日中関係は国交回復以前の無条約状態に戻ることを覚悟しなければならない。これは日中関係を決定的に損なうばかりか、台湾海峡を含む東アジアの緊張を激化させることも必至である。したがって日台の関係は基本的には非政府レベルに留めるべきであろう。米国なみに民間交流を下支えする目的で経済・技術関連省庁高官の訪台を解禁することは前向きに検討されるべきだが、日中の相互信頼関係の進展との兼ね合いで総合的に判断することが望ましい。

しかし、ポツダム宣言を受け入れて台湾の主権を放棄した日本には、台湾の帰属をうんぬんする資格はないのである。中国の立場を尊重はしても、台湾は中華人民共和国の領土と認めたわけではない。台湾の将来は台湾海峡両岸の当局、人民の平和的な話し合いにゆだねるほかはないのである。そのプロセスに介入すべきではないが、中国が台湾を武力統一することや、「新台湾白書」が掲げたように交渉期限を限定して統一交渉を迫ることも平和的な話し合いとはいえないから、明確に反対意思を表明すべきである。また台湾を国際社会から締め出すことは中国の統一工作に肩入れ（介入）することになるから、こうした行為にも協力すべきではない。むしろ台湾を国際社会に積極的に組み込むことによって台湾住民の孤立感を緩和し、彼らが独立宣言などの過激な選択に走らないように働きかけるべきである。同時に、この地域への諸外国の関心や関わりを強め、間接的に中国の武力行使を抑止することが望ましい。台湾の分離・独立にも、中国の統一工作にも肩入れせず、側面から真の意味での平和的な話し合い解決を後押しすべきである。

問題はそれでも戦争の危機が高まった場合である。台湾が日米をはじめとする周辺国の反対をかえりみずに独立宣言をする可能性は、陳水扁の「五不」が公約したようにきわめて小さい。中国が一方的に武力行使すれば米国が介入し、日本も部外者ではありえない。しかし、すでに触れたようにこうした事態が起こりうるのは中国がそれ相応の力を備えた時のことで、まだ五年から一〇年の余裕がありそうだ。この間に中台をはじめ、日米ロ、場合によっては南北朝鮮、東南アジア諸国連合（ASEAN）も含めた周辺諸国がともに台湾海峡の危機回避に向けた知恵を絞る必要がある。

将来的には、すべての東アジア諸国・地域の参加する集団安全保障機構を設け、台湾海峡の緊張緩和と戦争防止のためのメカニズムを構築することが望まれるが、これには時間がかかりそうだ。東アジアでは多国間協議の場として、すでに経済の分野ではアジア太平洋経済協力会議（APEC）、安全保障の分野では東南諸国連合（ASEAN）地域フォーラム（ARF）が、それぞれ存在する。これらを統合するか、あるいはいずれかの機能を拡大するなど、過渡期の対策はいろいろ考えられる。最大の難関は台湾を自国領と主張する中国共産党政権が、この問題を国際社会の場に持ち出すことに強く反対していることにある。しかし、たとえば国際社会が中国の台湾への武力行使と台湾の分離・独立の両方に明確に反対するコンセンサスを固めれば、中台双方の過激な選択を抑止する一定の効果を持ちうるであろう。

仮に中国共産党政権が台湾の武力統一に成功したとしても、その代償は計り知れない。同じ中華民族間の怨念は末代まで続き、周辺諸国をはじめ世界の共産党政権への反発と脅威感はとめどなく増幅するであろう。また、台湾が中国の武力攻撃の動きがない状態のもとで一方的に独立宣言を行なっても、諸外国がこれを認めないことを保証しておけば、宣言は実質的な意味をもたない。諸外国は中国にこの点を力説し、武力行使に走らないよう働きかけるべきである。中台の直接対話や、これに日米ロ、南北朝鮮やＡＳＥＡＮ、ＥＵなどを絡めた多国間対話を積み上げ、台湾海峡の危機管理、戦争の発生防止に努めることは中台を含む地域全体の利益にかなうはずである。台湾独立主義者の陳水扁ですら、中国との国家連合（邦連）を受け入れる考えをほのめかしている。中国内では、若手研究者などから台湾に関しては一国二制度よりも緩やかな連邦制の採用を唱える動きも出ているようである。時間と創意を重ねれば、いつかこの谷間を埋められる時が来るはずである。そんな将来の可能性も中国が武力統一を仕掛ければ、すべてがだいなしになる。日本をはじめとする周辺国は中国や台湾の各界に平和擁護にむけた働きかけを様々のルートを通じて強化すべきである。

III

陳水扁の挑戦

動き出した民進党政権

丸山勝

maruyama masaru

総統就任から一ヵ月を迎え、台北賓館の戸外で記者会見をする陳水扁。
（二〇〇〇年六月二〇日。提供＝台湾行政院新聞局）

1　政権交代が生んだもの

野党の民主進歩党（民進党）から総統選挙に立候補して当選した陳水扁《ちんすいへん》の勝利の日から二カ月余を経て、二〇〇〇年五月二〇日に発足した台湾の新政権が、中台問題というキャンバスに、どのような構図と色彩で中国政策という絵を描こうとしているのか、この年秋の段階では未確定の空白部分があまりにも多い。九月下旬に台湾を訪れ、陳水扁と二度にわたって長時間密談を交わしたシンガポール上級相リー・クアンユーの観察によれば、「陳水扁総統の中国政策は、なお形成途次にあるように思われる(1)」。

言ってみれば彼はなお研究中ということであり、中国の態度ばかりでなく、台湾内部の状況の推移によって、すでに明らかにされている原則や方針でさえも変更される余地がある、ということである。

前政権の与党であった国民党の場合であれば、中国共産党との間で一九二〇年代以来延々と相互作用が続いてきた経緯もあり、想像を大きく越えるような飛躍や大逆転は、両者の力関係が定まって以後は想定しにくくなっていた。だが、陳水扁政権とその与党である民進党に限っては、そうではない。

陳水扁は総統選挙戦のさ中に刊行した自著『台灣之子』の中で、「民進党は台湾本土の下からの意志によって生まれた政党であり、『国共内戦』とはいかなる歴史的なしがらみも持たない。民意の強力な支持を得てゆけば、海峡両岸〔中台〕関係に全く新しい良性の相互連動メカニズムを打ち立てることができる」と書いている。(2) 民進党の中国政策を決定づけるのは、中国とのほとんど取るに足りない行きがかりや党の既定路線などではなく、「民意」の動向だというのである。いかにも大衆政党らしいこの態度にも、「民意」に変動があれば中国政策も臨機応変に変更してゆくことが、暗示されていはしまいか。

この場合「民意」とは、おそらく台湾人グラスルーツの意志という文字通りの意味だけではあるまい。民衆が選挙で選んだ民意代表の動向、つまりは政治状況と読み替えて差し支えなかろう。台湾の政治状況は目まぐるしく変わるのが、むしろ常態である。かつて強敵アメリカを相手にしたベトナム人が、ありとあらゆる術策を弄し、時には騙し討ちにさえして民族の意志を貫徹したように、巨大な中国の前には微小な存在でしかない台湾の政治家は、「民意」の変動に応じて戦術を取り替え、「民意」を巧妙に利用しつつ中国に変わり身早く応対することが求められる。それが台湾サバイバルの手だてなのである。

この第Ⅲ部では、陳水扁政権下の台湾が中国にどう対処しようとしているのかを扱う。本章では、台湾新政権の中国政策を根本において規定してゆくはずの政治状況を、まず見ておくことにする。陳水扁の当選の後、総統就任の前に、政権獲得までの民進党の歴史について書いた拙著『陳水扁の時代』(二〇〇〇年四月刊、藤原書店)に加筆する意図をも込めたつもりである。

(1)『中國時報』との書面インタビュー。同紙二〇〇〇年一〇月一日付インターネット版。
(2) 陳水扁『台灣之子』台湾・星晨出版、一二一ページ。

一　危機に瀕した「全民政府」

唐飛内閣の崩壊

改革への高い期待と陳水扁総統への圧倒的な人気を背にして、滑り出しこそ順調だった新政権は、発足から四ヵ月半を経た段階で、最初の厳しい試練を迎えねばならなかった。新総統が対立政党である国民党の大物党員の中からあえて一本釣りする形で行政院長(首相)に抜擢した唐飛《とうひ》が、何度も辞意を表明した末に、一〇月三日「健康不良」を理由に辞任してしまったからである。

陳水扁が台湾で初めて実現した政党間の政権交代にさいして、総統に次ぐ重要ポストに唐飛を据えたのは、当面の政権基盤の弱さを補うためであった。二〇〇〇年三月一八日の選挙に勝ったとはいえ陳水扁の得票率は三九・三%にすぎず、二位の無所属候補・宋楚瑜《そうそゆ》とは三一万票余という僅差の「少数総統」であったし、国民党は総統選挙にこそ惨敗したが、立法院(国会)ではなお過半数を制する。新総統と新与党が改革の遂行にいかに熱心でも、国民党とことごとに衝突していたのでは、改革どころか年度予算の成立さえもおぼつかない。そこで行政院長をはじめ国防、経済関係の重要な閣僚ポストを国民党員に譲り、与野党間の対立を緩和するクッションにしようとしたのである。唐飛が大陸生まれの軍人で、民進党とは対極的な存在であることは、かえって好都合であった。

民進党から八人、国民党から一〇人、学者を中心に無党派から一三人という構成となった混合内閣[1]に、陳水扁は選挙戦中に予告した通り、「全民政府」という気負ったキャッチフレーズをつけた。「全民政府」の性格については後述するとして、少なくとも二〇〇〇年一〇月初めの段階では、政党間の政策合意を踏まえた連合政府とは異なる個人参加方式の政府は、期待通りには機能していない。

首班になった唐飛が、与野党間のクッションの役割を何とか期待通りに果たすためには、政権移行期の難局を巧みに乗り切ってゆくリーダーシップを発揮することのほかに、与野党双方の信頼を得ること、唐飛個人の政治信条を明白にせざるを得ないような懸案が出現しないことが、最低条件であった。だが唐飛という人物は、純朴な風貌で政界人全般の好感を得てはいても、危機を強引に突破してゆくような決断力には乏しく、国防部長（国防相）など軍関係のキャリアはあるが、オールラウンドでしたたかな政治能力などはもともと持たない政治家である。就任直前に軽い胸部疾患の手術をして院内感染し、予後の体調維持に苦労する不運に、一般民衆までが同情するという状態では、リーダーシップどころではなかった。

もっと困ったことに、彼の「全民政府」は五〇年間の国民党支配を覆した刷新政府であったから、民主化の深化と改革の断行を期待する住民の切なる思いに応えて見せるべく、最初から運命づけられていた。選挙戦で改革者イメージを極限まで拡大して見せることで当選した陳水扁は、後に触れる通り、総統に就任した直後から、中国政策でも福祉政策でも、妥協と後退を繰り返すことになる。ひとたび改革への期待から性急になった民衆が、妥協と穏健の施策に満足するはずはない。民間テレビ局の世論調査では、陳水扁政権への満足度は、発足初期には期待感もあって選挙での得票率の二倍近い七八％にはね上がった後、二カ月後には五〇％すれすれにまで下がった（二七六ページの表1を参照）。

人気の下降は、陳水扁のような政治家には捨てておけない事態である。四年間の台北市長の経験以外に行政実績がなくとも、「そのうち民衆の求めに必ず応えてくれる」という期待感があること、後押しすべき民進党の力が弱くとも、「一人で健気に頑張っている」と評価されること、つまりは漠然とした人気があることが、陳水扁という大衆政治家の最大の資産だからである。改革の実行を後回しにしてでも、中間所得層にまで支持基盤を広げようとしたかに見える彼の方針には、重大な計算違いがあったとしか思えない。

八月ころ以降、彼の発言に改革指向へ回帰しようとする気配が見え始めると、調整役の唐飛にはそれ以前にも増して重圧がかかってくる。唐飛が与野党間の関係を何とか取り結んでゆくためには、彼自身の政治信念をあいまいにしたまま、中立・善意の第三者を演じていられることが前提である。ところが、九月から始まった新年度予算の審議の過程で、すでに進行中の第四号原子力発電所の建設工事を中止するか否かが与野党攻防の最大の焦点となるに及んで、唐飛は窮した。かねてから熱心な原発建設推進論者だった彼には、もはや調停者として無色中立を装い続けることができなくなってしまったのである。

四号原発問題は当面の政局では重要案件だったとはいえ、動き出して間もない「全民政府」の存否を賭けるほどの重大事だったとは思われない。確かに、民進党綱領の中の後半部分「行動綱領——当面の問題に関するわれわれの具体的主張」第六四項には、「核エネルギー発電施設の新設に反対し、代替エネルギー源を積極的に開発し、現存する原子力発電所は期限を設けて閉鎖する」と明記されている。それは、経済の長期安定成長と生態環境の保護とを両立させようとする、エコロジスト政党としての方針に基づく主張であり、国民党との相違を際だたせる大衆路線の表れでもあった。それでも陳水扁にその意志さえあれば、例えば結論を当面は先延ばしにし、時間の経過の中で円満かつ妥当な解決を図るような余地はあったはずである。実際にも彼自身は結論めいたことを明言するのを最後まで避け続けた。

だが、工事を継続するとも中止するとも言わない彼の真意が、実は「中止」であろうことは、容易に想像がついた。民衆の期待に反して妥協と後退を重ねているうちに肝心の人気に明らかに影がさし始めたのに、陳水扁が原則からさらに後退するような政治行動をとるとは思われなかった。何しろ彼は、四号原発工事は中止するという協定を、選挙運動中に反原発団体との間で結んでいるのである。

総統の陳水扁が政策選択の柔軟性を失ってしまったら、唐飛はクッション役を全うできるはずがない。辞任の引き金になったのが四号原発問題だっただけで、この案件を何とか切り抜けても、陳水扁が余裕を取り戻さない限り、唐飛は別の難題で苦悩したに違いない。皮肉なことに、人気の凋落を押しとどめる思惑から唐飛の辞任を認めたことは、「渡った橋を壊す」(利用済みの人物を切り捨てる)行為と見なされ、かえって悪評であった。世論調査に示された陳水扁施政への満足度は、リベラル系の『中國時報』調査で四三%、外省人系のテレビ局ＴＶＢＳ調査では三七%と、総統選挙の得票率に近い線まで戻ってしまった。

（1）嚴智徑等『新政府新挑戰』台湾・東森文化出版の略歴から再構成。

「全民政府」とは何か

「全民政府」を襲った危機は、陳水扁人気が続く限り新体制の崩壊にはつながるまいと多少とも楽観していた民進党主流には、良い意味で警告効果があったようである。「四号原発の工事継続が無理なら行政院長を辞任するほかない」と唐飛が再三公言し、危機の到来を予知していた陳水扁と与党主流の対応は、意外なほど素早かった。「全民政府」の枠組みは守ること。速断即決で対処し、内閣手直しは最小限にとどめること。この基本方針に従って、三日間で当面の事態を収拾してしまったのである。

処理を誤れば他の国民党員閣僚が動揺する恐れがあったにもかかわらず、辞任したのは唐飛も含め結局三人（国民党員は唐飛一人）にとどまり、「全民政府」の建前と体裁はともかくも守られた。ただし、新行政院長には民進党幹部の張《ちょう》俊雄《しゅんゆう》が副院長から格上げ就任し、閣内のとりまとめ役の秘書長にも、民進党の秘書長（書記長に相当）を経験した邱《きゅう》義《ぎ》仁《じん》が総統府詰めの国家安全会議から横滑り入閣して、「全民政府」は民進党主導に大きくシフトした。新首班は与野党間のクッションであるよりも、総統の意思の伝達者になったのである。これに合わせ、総統と密着した幕僚職で空席になっていた総統府秘書長のポストは、民進党内の実力者で陳水扁とは以前からきわめて近く、新内閣発足当初の一時期に行政院副院長だった游《ゆう》錫《しゃく》堃《こん》が埋めた。

総統も行政院長も民進党員になってなお「全民政府」の名に値するのかどうか、問題にしようとすればできなくもなかったのに、国民党がとくに反発もしなかったのは、閣内になお九人の国民党員が人質のような形で留任していたからでもあっただろう。それにしても、陳水扁と民進党主流が「全民政府」にこだわり、首班が国民党員から民進党員に入れ替わっても、陳水扁が相変わらず「全民政府の精神には何の変更もない[1]」と強調し続けたのはなぜなのか。そもそも「全民政府」の着想と性格は何なのか。

戦後の台湾は、政治では国民党の一党独裁しか経験したことがなく、大陸中国と同様「一つの党が政治を牛耳る（いわゆる「以党領政」）」システムを受け入れてきた特異な社会である。このシステムのもとでは、政党は政策政党である必要はなく、資源を住民に効果的に（実際には恣意的に）分配するマシーンに徹すればよかった。一九八〇年代末に野党の存在が公認された後も、事情は基本的に変わらず、例えば最大の野党であった民進党は、政策で国民党に勝負を挑むのではなく、既成体制の腐敗や外省人支配の不当を叫び、民衆の感情、とりわけ台湾人意識に訴えることで、それなりの支持を得てきた。それが「全民政府」が成立し得た大背景である。

どの党も政策政党ではないとなれば、勢力が拮抗してきても、政策協定が結ばれて連立政権が成立する可能性もないわけである。民進党内には、国民党や国民党から分離した新党と連合を組もうという種々の主張が、一九九〇年代半ば以降現れてはいたが、利益の分与にあずかろうとする野心が提唱者に強すぎたり、党内の大勢に合致しない理想論であったりして、議論しただけに終わっている。連立政権（「連合政府」と呼ばれる）のアイデアは、台湾の政治風土になかなか合わないのであろう。

陳水扁が「全民政府」案を口にし始めたのは、かなり早い時期である。総統選挙出馬をまだ表明していなかった一九九九年三月にすでに、「民進党員が総統に当選すれば、議会の現実に応じて、行政院長には必然的に民進党員以外の人物を任命することになる。言い換えれば、民進党の執政によって真の意味での全民政府が生まれることになる」と言っている。(2)

先述した通り、「全民政府」を発想した第一歩は、民進党が総統選挙に勝っても議会では三分の一の勢力しかない少数党なのだから、行政院長は多数党の国民党に譲って協力を求めざるを得ないという、現実論に立った一種の便宜主義であった。その後陳水扁は、イギリスのブレア首相の「中間路線」の理念を取り込んで肉付けし、「政治哲学」のような趣に仕立てていった。例えば選挙戦終盤の二〇〇〇年一月一八日の講演では、「全民政府は新中間路線哲学の具体的実践である。つまり全人民が株主となり、国家の指導者は全民政府〔という企業〕の会長をつとめるのである。指導者の職責は、国家という企業の経営を良くし、大いに儲けることである。……われわれは民間企業の精神に学ばねばならない」と説明している。(3)

陳水扁とそのブレーンが借用してきた「哲学」を完全に消化したか否かはさておき、現実の政治の場ではやはりある種の便宜主義であることに変わりはないようである。選挙戦中に彼が再三繰り返したのは、「全民政府は民進党が主導する能力本位の政府のことだ。党派、外省人・本省人、性別を問わず、必要な人材を登用して能力を発揮してもらう」ということであった。一九九九年初めまで四年間の台北市長時代に採用した「用人唯才」(能力本位による人材の登用)方式の拡大・援用であったことは、彼自身が認めている。

ただ、党外にも人材を求めるといっても、人材を独占しているのは国民党だから、国民党側に協力の意志がなければそれまでである。陳水扁が協力のパートナーに前総統の李登輝《りとうき》を想定していたことは疑いない。選挙戦中にしばしば「私が総統になっても国民党主席は李登輝先生だから、良好な協力関係を結べるはずだ」と発言したことからもそれがわかる。民主化と台湾化を苦労して進めてきた李登輝なら、培った権威を駆使して本土主義政権に協力してくれるだろうと見込んだのであろう。

ところがその李登輝は、総統選挙惨敗の責任をとって投票日八日後に党主席を辞めたため、陳水扁の思惑は少し狂った。実際に、陳水扁は閣僚と総統府スタッフの人選に際し、無冠になった李登輝に何度も相談したし、駐日代表（大使に相当）から国家安全会議秘書長になった荘銘耀《そうめいよう》をはじめ、国防・安全保障部門の責任者に李登輝人脈を登用してもいる。もし李登輝が国民党主席で残っていたら、中国政策の要諦の伝授を受けることはもちろん、要所に適任者を推薦してもらい、随時「協力」を得ることが期待できたであろう。

ノーベル化学賞受賞者で選挙戦の最終盤に陳水扁支持を表明し、勝利を決定づける功労者になった李遠哲《りえんてつ》も、一時「全民政府」の首班に擬せられたことがある。陳水扁は投票日の三日前に「当選すれば李遠哲に組閣を要請する」と公言した。人望抜群で無党派の彼なら「全民政府」の顔としては申し分ない。陳陣営の最高参謀三人が監修した書物によれば、当選の当夜、渡米の支度中だった李遠哲に陳水扁自身が電話を入れて首班就任を求めたが、「考えておく」と言われただけであり、結局断られたという[4]。

この本には、陳水扁が投票日前夜に「総統当選後は民進党の活動から身を引き、党派を超えた『全民総統』に徹する」と宣言するに至る経緯も書かれている。それによると、発案者は台湾独立の主張に熱心な党内派閥である新潮流派の重鎮・邱義仁であり、投票三日前に中国の朱鎔基《しゆようき》首相が語気荒く「誰が当選しようといかなる形式の台湾独立も許さない」と、陳水扁当選阻止を狙った露骨な発言をしたことへの間接的反駁が目的であった。(5)

これを見る限り、「全民政府」は選挙戦術上の方便という面もあったわけである。陳陣営は二七もの「政策白書」(公約)を発表したが、どれにも「全民政府」の理念がいかなるものかは明記されていない。このことも、このスローガンが党の長期戦略であるよりも、民進党の躍進が期待できる二〇〇一年末の総選挙までの時限的戦術にとどまっていることを裏書きしているのではないか。

(1) 二〇〇〇年一〇月四日『ワシントン・ポスト』とのインタビュー。
(2) 『中國時報』とのインタビュー。同紙九九年三月一七日付。
(3) 二〇〇〇年一月一八日、謝許英文教基金会など主催の講演会で。
(4) 張俊雄、邱義仁、游盈隆監修『破曉——陳水扁勝選大策略』台湾・時報出版、二八四ページ。
(5) 同、一九三ページ。

危機の諸相

「全民政府」の一般的評判は、実は一〇月初めの危機到来の前にすでに悪くなり始めており、それも総統選挙まで民進党を熱心に応援してきた人たちの間で芳しくなかった。中国問題、福祉政策、経済施策がことごとく期待はずれになった根本原因は、新政権が「全民政府」の看板にこだわるあまり、思い切った改革や旧システムの打破に踏み込めないからだというのが、批判の概ねの主旨であった。

筆者は、二〇〇〇年七月下旬から一ヵ月間台湾に滞在し、民進党の関係者や支持者の話を聞く機会があった。ちょうどこのころ危機の先駆現象が次々に起きており、陳水扁政権への漠然とした疑念が批判の声へ、急速に転化していく様がよくわかった。選挙のたびに民進党候補者を支援してきた学者は、「新政府には失望した。真の改革政党をつくりたいほどだ」と怒っていたし、『台灣之子』の原稿を書いた二人のうちの一人でジャーナリストの胡忠信《こちゅうしん》は、「新政府には戦略もなければ哲学もない。四年後の選挙のことばかり考えていないで、このさい政党政治の原点に戻り、本気で改革をやる大連合政府を組織すべきだ」と断言していた。

おりしも七月下旬、南部の嘉義《かぎ》県の八掌渓《はっしょうけい》という川で鉄砲水が発生し、河床工事をしていた男女作業員四人が濁流に流されて死亡する事件が起きた。逃げ遅れた作業員は川の中に取り残されて救援を待ったが、ヘリコプターは来ず、救援ロープの発射機は故障していて役に立たず、四人は衆人環視の中で濁流にのまれた。その一部始終がテレビで中継されたために、「政府は何をしているのか」という激しい非難が起きた。

発足間もない新政府は、メディアから「官僚殺人」「人殺し政府」の罵声を浴び、行政院の副院長（副首相）ら閣僚三人が辞めた。事件は人災には違いなかったが、役立たずの防災・救援システムを引き継いで二ヵ月で立て直すのは無理なのだから、悪いのは前政府の方で、新政府が批判されるのは酷だろうと思った。民進党の支持者だというジャーナリストに感じたままを話したところ、「民衆の感情を知らない外国人の感想」だと言われた。新米の政府であろうと民衆の生命財産を守るのは当然の義務であり、八掌渓事件は過去二ヵ月間に蓄積した新政府への不満を爆発させた政治的事件だというのである。

このころまでの新政府に対する不満、不評には、三つのレベルがあったように思われる。第一は、感情レベルでの反発である。陳水扁は総統就任に前後して、国民党の中でも超保守外省人の元行政院長の郝柏村《かくはくそん》や、軍内強硬派として鳴らした王昇《おうしょう》を訪ね、かつて議会で郝らを追及した「非礼」にまで触れて協力を懇請したばかりか、本省人が深い遺恨を持つかつての独裁者・蒋介石《しょうかいせき》に敬意を表して、蒋を祀った中正紀念堂に足を運んだ。軍の総帥になった陳水扁にしてみれば、外省人が握る軍の忠誠を確保するためのやむを得ざるスタンドプレーだったとしても、本省人の素朴な恩讐感覚で測れば、旧体制を象徴する者への無用のおもねりでしかなかった。「これが台湾人総統が真っ先にすることかと、不快だった」と、ある老本省人は嘆いていた。

第二に、改革遂行にあたるべき政府の意思に、政策レベルで疑念が生じてきていたことである。陳水扁は選挙戦中に、権力を五院（司法、立法、行政、監察、考試院）が分担・監視する五権制を、通常の三権分立制に改めるといった改革をはじめとして、政治のほとんど全分野について大刷新の青写真を描いて見せた。憲政改革のように時間を要する努力目標については、早期実行を迫る性急な要求はさすがにないが、少々強い意志さえあれば実行が可能な改革にさえ慎重でありすぎたり、早くも後退する気配を見せたり、野党に簡単に譲歩したりと腰が定まらない政府は、「本当にやる気があるのか」と疑われ始めた。

例えば、新政権が最初に処理した懸案の一つとなった法定労働時間の短縮問題では、無原則の妥協に終始した。従来の週四八時間から四〇時間にするという大胆すぎた選挙公約は、政権が動き出すとすぐ四四時間に手直しされ、国民党が二週間八四時間案を出すと今度はそちらに乗り換えてしまった。

国民党案は、経済界が反発して新政府が困るのを見越した一種のいやがらせであったのに、政府も与党も全く無抵抗であった。

六五歳以上の高齢者に一人毎月三〇〇〇元の手当を支給するという選挙公約も、野党の抵抗と準備不足のために七月一日実施の方針から際限なく後退を続け、やがて国民年金方式にすり替わり、二〇〇一年一月まで実施を先送りしてなお、財源難で見通しが立たない。この問題も四号原発問題に似て、本来さほどの重要事ではないが、「弱き者の代弁者」を自称する民進党にはなおざりにできないのである。この程度のことで公約が果たせないようでは、政治意志が問われてもやむをえないところであった。

さらに台湾人の死活がかかった中国政策についても、新政権は単に無経験なだけではなく、中国を相手に台湾人意識を貫く気迫にも欠けるのではないかと疑われ始めている。

陳水扁が六月二七日アメリカ人学者グループを前に語った「(中台)双方の独自解釈に基づく『一つの中国』のコンセンサスを受け入れる」という発言は、台湾人にショックを与えた。実際の発言の内容、その解釈などは、次章に述べる通り単純ではないようであるが、総統府の公式発表文にはそう明記されている。これだと、「将来『一つの中国』の問題を共同で処理したい」と述べた就任演説の慎重な態度から大きく踏み出し、目標としての「一つの中国」を是認したに等しい。言い換えれば、中台統一を遠景に据えることを肯定したのである。それはまた、住民投票の結果によっては「台湾共和国」独立に進む可能性を残している民進党綱領の原則から逸脱し、国民党の路線に同調したということでもある。

そのこと自体も重大であるが、他の政策での妥協や後退の原因が、実は対中国関係という基本問題

表1　陳水扁政権に対する満足度（%）

月　日	5.20 就任当日	6.19 就任 1ヵ月	7.24 八掌渓 事件	10.4 唐飛辞任	10.27 原発中止 発表	12.20 就任 7ヵ月
非常に満足	29	26	14	10	9	9
まずまず満足	49	51	39	27	28	26
あまり満足でない	5	6	21	26	27	27
非常に不満足	1	2	8	21	22	19
わからない／無意見	16	16	18	15	14	18

（出所：民間有線テレビ局ＴＶＢＳの世論調査）

における「阿扁《アビエン》（陳水扁の愛称）の変節」にあったという心証を台湾人に与えたことの方が、さらに重要であろう。内外の台湾人民主化運動家が、このあたりから陳水扁政権に懐疑と不信の念を口にし始めたのは、当然のことであった。

感情と政策のレベルでの不満が深まれば、新政府は信頼性という第三のレベルでも、民衆の心をつなぎ止めにくくなる。有線テレビ局ＴＶＢＳの世論調査では、陳水扁の施政に対する満足度は八掌渓事件で二ヵ月間で最低の五〇％すれすれにまで落ち、いったん少々持ち直した後、一〇月の唐飛内閣崩壊でさらに大きく沈み込んだ（**表1**参照）。

信頼性を測るうえで台湾では有力な指標である株価の動向を見ても、新政府が発足した五月二〇日に九〇〇〇ポイントを割り込み、その後ほぼ一貫してじりじりと下がり続けて、唐飛の辞任翌日には六〇〇〇ポイントを切った。株を保有している一般市民が日本よりはるかに多い台湾では、株の総価値が二ヵ月間に二〇％以上も下がれば、新政府が不安定だから資産が目減りしたのだと思われてもやむを得ないであろう。

株価の下落には、アメリカのハイテク株が一時不振だったり、パレスチナ問題が深刻化したりという外部要因もあった。だが二〇〇〇年の経済成長率予測が前年を〇・九％上回る六・六％と好調であり、失業率も三・〇六％と低レベルにとどまっている中で株価のみが不振なのは、やはり新政府への信頼性の低さが主因と考えざるを得ない。唐飛辞任の事後処理にあたって示されたような新政府の意外な危機管理能力が、短期間には終息しそうにない「全民政府」の危機乗り切りや、信頼の回復というより大きな課題でも、発揮されるのかどうか。

二　民進党執政の意味

与党は欲求不満

二〇〇〇年九月二八日は、民進党の一四回目の結党記念日にあたり、歴史的な政権交代を成し遂げた年のこの日は、とりわけ意義深い記念日となるはずであった。だが実際には、比較的地味に催されたこの日夜の祝賀パーティはあまり盛り上がらず、スピーチに立った陳水扁は、「新政府一同に党員のみなさんの惜しみない激励をいただいて、忍耐と信頼の心をもってともに結束を図ってゆきたい」とあいさつした。このような席でわざわざ唐飛内閣への「惜しみない激励」が必要であることを強調せねばならなかったのは、与党である民進党の「全民政府」に対する支援が、新政府の側からすれば十分とは見えなかったからであろう。

陳水扁を公認候補に立てて総統選挙を制したのは、たしかに民進党であった。だが、発足した新政権は責任政党によって組織されるのではなく、「用人唯才」を基本方針とした個人参加型の「全民政府」だとなれば、必ずしも「民進党政府」とは言えないことになる。現に民進党員の閣僚は国民党よりも少なかった。民進党は厳密には与党ではない、とさえ言えるわけである。

「全民政府」の着想そのものにかねて懐疑的だった元主席の施明徳《しめいとく》は、一〇月危機直前の講演で、「全民政府の内実は（陳水扁の）一人政府だ。民主国家でこのような用語をみだりに使うなら、民衆を惑わすことになる」と痛烈に批判した。(1) 総統選挙で党指名を得られずに脱党し、無所属で立候補した元主席の許信良《きょしんりょう》に近い政治学者の郭正亮《かくせいりょう》が、党常務委員の述懐を引用しつつ記しているところでは、「陳総統は組閣にあたり民進党には相談しなかった。……そうである以上、民進党も自動的に（新政府の）後ろ盾役になる必要はないことになる」(2)。

「全民政府」の方針決定が陳水扁と彼を取り巻くブレーンの主導で準備されたこと、新政府構成員の人選が一貫して陳水扁ペースで進められたことは、他の民進党関係者の話からもほぼ裏付けることができる。そうした経緯からすれば、もし「全民政府」がこのまま機能不全を続け、政党政治の常道をあえて無視した実験的試みが万が一無に帰した場合、大部分の責任は陳水扁が一人で負わねばならないことになるが、現実にはそうとも言えない。陳水扁の並びなき人気と実力を評価し、党の立候補者指名規則とは別に例外規則まで設けて、台北市長選挙に落選したばかりの彼を強引にかつぎ出したのは党執行部であったし、そうすることが党組織の暗黙の総意でもあったからである。そうした経緯もあり、民進党は二〇〇〇年総統選挙後の組閣を、陳水扁に白紙委任したのであった。責任を問われるべきは、民進党の方であった。

それはそれとして、陳水扁が「全民政府」の実験に驀進すればするほど、新政権の核心からはずされた民進党執行部と一般党員は疎外感にさいなまれることになる。それは単なる理屈や党内不満分子の繰り言ばかりではなく、幹部党員の現実感覚のようであった。結党記念日前にメディアの民進党特集取材に応じた中堅幹部たちが、与党党員としての感慨を問われて、「政権奪取後の執政が曲折だらけの状態では愉快であろうはずがない。出口のない苦境に困惑している」「われわれは少数与党であるばかりでなく、執政の半分を担っているにすぎない。掌握できる部分はごくわずかだ」と率直に語っている通りである。(3)

そうしたフラストレーションを端的に表現したのが、民進党秘書長ポストを引き継いだばかりの呉《ご》乃仁《だいじん》による再三の唐飛批判であった。八掌渓事件から間もない八月上旬の記者懇談で、彼は「唐飛の脳裏にあるのは旧官僚体制の維持だけだ。新しい思考で行政府と立法府の連携不足を打破してゆくことができず、施政の方向を示せないために新味も出ない。彼をもう信用していない」と過激な発言をしたのである。唐飛批判を通して陳水扁をも批判しているように見えるが、そこまでの意図はなかったようであり、呉は「陳総統と唐飛の間には施政の優先順序について観点の違いがあり、暗黙の協力関係にない。そのために、総統は時には唐飛に妥協せねばならないのだ」と、陳水扁に同情的な註釈をつけている。

呉乃仁の唐飛批判は一度では終わらず、翌日も記者団の挑発にあえて乗り、「唐飛は改革を求める人民の切なる願いに応えておらず、民進党の期待をも裏切っている。このままでは二〇〇一年の（立法委員と地方首長の）選挙で民進党は惨敗だ」と危機感を吐露した。この「個人的発言」は、与党と新政権との間に潜在していた問題を白日の下にさらす形になったため、党主席の謝長廷《しゃちょうてい》と民進党出身の総統府秘書長・張俊雄が急ぎ唐飛をなだめ、総統府に説得された呉自身がそのまた翌日に陳謝して、いったん事態は収拾された。

呉乃仁が問題にしたのは、直接的には「全民政府」の調整役である唐飛が、役割を十分に果たしていないという点である。だが呉は、「新政府に二ヵ月余の短時間で結果を出せとか、唐飛を更迭せよとか求めているのではない」とも言っている。「全民政府」という一見民主的な政治体制は、実はどの政党にも明白な責任のない「幻の政治的ころも」[4]であったのかもしれない。そうだとすれば、与党としての責任だけはあるが、新政府から半ば疎外されて権利はない民進党が、苦衷をなめざるを得ないのはほとんど必然である。「全民政府」が陳水扁にとって政権交代の受け皿にすぎなければ、民進党はこの体制が続く限りそうしたジレンマから抜け出せないわけである。その意味で、呉発言は民進党が遅かれ早かれ発すべき異議申し立てであったと言えるであろう。

（1）二〇〇〇年九月三〇日、高雄での講演で。
（2）郭正亮『變天與挑戰』台湾・天下文化出版、一二四ページ。
（3）『中國時報』二〇〇〇年九月二四日付インターネット版。
（4）王振寰・台湾東海大学教授の『中國時報』二〇〇〇年六月二九日付インターネット版への寄稿。

方向転換した阿扁

「全民政府」と民進党の関係が複雑微妙をきわめる一因は、民進党内の力関係が複雑だからである。新政権の発足から二ヵ月たらず後の七月一五日から開かれた民進党大会では、謝長廷主席（高雄市長）、呉乃仁秘書長以下、新与党の執行部が選出された。陳水扁を盛り立てて総統選挙を戦った前執行部の林義雄《りんぎゆう》主席、游錫堃秘書長が陳水扁とは肝胆相照らす仲であったのに対し、謝新主席は一九九四年の台北市長選挙で党公認を争って以来の同世代の党内ライバル、呉新秘書長は「党内党」と言われるほど結束の堅い急進的有力派閥・新潮流派のリーダー格であり、新総統と党執行部との密着度がいくぶん薄まった感じがするのは否めない。

新総統と新主席は毎週水曜日に食事を共にして意思疎通を図っているし、呉新秘書長と新総統の個人的な間柄も以前から悪くないといわれ、政局の運営に関する限り総統府と与党トップ同士の間には大きな問題はないようである。だがそのすぐ下にあたる党の幹部活動家レベルでは、「全民政府」に対する態度にかなりの差が現れてきている。

そうした幹部活動家は、少なくとも三つのグループに大別できる。第一のグループは「主流連盟」と呼ばれ、陳水扁が創設した正義連線、謝長廷が率いる福利国連線など四派からなる。総統、党主席、新行政院長の三首脳を出した（張俊雄院長は福利国連線出身）党内の「勝ち組」であるから、政権中枢との意思疎通は円滑であり、総統府や行政院との微妙な関係に配慮しつつ、「全民政府」の建前を維持しようとする傾向が強い。総統を頂点として権力を党員に開放してゆけばよいと、概して楽観的である。党大会では三一人の中央委員のうち一九人と、四派で過半数をとった。

第二のグループは新潮流派に代表される一団で、党と政府の幕僚職に呉乃仁秘書長、邱義仁・行政院秘書長らを送り込んでいる。「全民政府」の建前にはあえて反対しないが、与党の意志が反映できない政府であってはならないとする点で、留保付きの態度をとる。呉乃仁は、必要に応じて党最高決定機関の会議に閣僚も出席すべきだと主張したことがある。政府は明白に民進党主導である方が望ましいという判断があるのであろう。

理念でも立場上も主流とは言えない新潮流派が権力の一角を占め、党内でも根強い影響力があるのは、経験豊かな策士型の人物や、筆が立ち弁舌も得意な理論家がそろっているからである。当分は気の抜けない局面が続きそうな政局を切り抜け、伝統的に議論好きで統制のとりにくい民進党をまとめていくためには、彼らの力がどうしても必要になってくる。邱義仁は、人望がある割には新政府成立後は表立たないポストしかつとめていないが、総統選挙では陳水扁陣営で現場の実質的な最高責任者として、勝利を演出した。彼と呉乃仁は党内きっての実力者としての評価が定着しており、権力の運営が困難になればなるほど、力を発揮するだろうと言われている。

権力を構成するこれら五派に対して、与党内に身を置きながら党内野党ともいうべき批判勢力になっているのが、第三のグループである。雑多な人脈からなり、かつて民進党の二大勢力の一方を形成した施明徳らの美麗島派がこのグループに属する。比較的高齢の人物が多く、民進党が執政党になって以後影響力は低下していると見られている。施はその後、党を離れてしまった。

これら三グループと重複しつつ、別種の発言力を持つ集団がもう一つある。立法委員団（国会議員団）がそれである。彼らは、立法院で過半数を占める国民党の立法委員と頻繁に顔を合わせ、与党勢力として場合によっては第一線の戦士となり、野党議員と正面切って戦わねばならない。だから、総統府も行政院も立法委員の主張と立場を尊重し、彼らを引きつけておくべく工作する。二〇〇一年の改選後には、民進党の議員は現在よりは多少とも増えるはずだから、発言力もさらに高まるであろう。

「立法委員団はいずれ党そのものになる」と公言する者もいるほどである。

一〇月危機が発生し、首班が国民党員から民進党員に入れ替わった時、メディアは「全民政権の崩壊」「民進党少数政府の始まり」という面を強調して報道した。陳水扁に言わせれば、多数の民意の支持を得て当選した民進党員の総統が政府を組織するのだから、立法院の民進党議席が少数であっても、新政権は「少数政府」ではなく「多数政府」である。口でどう言い繕おうと、新政府が発足して以後、議席多数の国民党の圧力に押しまくられてきた陳水扁は、議席少数であることの不利は当然骨身にしみて知ったであろう。

「全民政府」の実験は、総統が多数支持を得たことと、与党が少数議席に甘んじていることの間に厳然として存在するギャップを、政党政治の方法としては変則に属する手段で埋める試みであった、とも言い換えることができる。一〇月危機は、そうしたギャップを埋めるのが現実には至難の業であることを教えた。その教訓を生かす最も手っ取り早い手だては、少数議席の与党に回帰することであろう。政治感覚は鋭敏な陳水扁は、その方向でただちに手を打った。

唐飛の辞任であいた大きな穴を埋めるにあたり、陳水扁は総統就任前に採用した独断専行気味の閣僚人選方法を、思い切りよく捨て去った。危機発生の当夜に民進党から現任と前任の主席、秘書長合わせて四人を総統府に召集し、逐一与党との相談ずくの形をとりつつ、六人の閣僚と二人の総統府高級スタッフの人選を決定したのである。異動した八人の内訳は、民進党の大物三人、民間人の抜擢二人、内部昇格・元官僚の登用・横滑りが各一人であった。抜擢された民間人がいずれも民進党と長いつながりを持つ人物であったことを含め、民進党人脈重用の色彩がきわめて濃厚な人選である。

「全民政府」の危機は、民進党の危機をも誘発する危険があった。陳水扁は閣僚級の異動を最小限にとどめて政府の動揺をひとまず抑えきったばかりでなく、与党寄りの態度を鮮明にして民進党員の疎外感を薄める工夫をし、邱義仁のような主流外の大物を重要ポストに据えるなどして、党内派閥のバランスを、どちらかといえば自分に有利に調整し直した。なかなかの政治感覚と言うべきであろう。

「清流共治」に賭ける

陳水扁政権の表看板は「全民政府」だけではなく、通常は語呂よく「全民政府、清流共治」と二語を重ねる。「清流」とは、暴力組織や胡散臭い金とは一切関係を持たない人たちという意味であり、清廉潔白な人物群が協力し合って清く正しい政治運営を進める「清流共治」を、陳水扁は新政府のイメージにしようとしているのである。

台湾の政治の金まみれ状況は、日本の比ではない。地方議員の七割か八割までがいわゆる「黒金《ヘイチン》（暴力組織と不法資金）」と深くつながっていると言われ、選挙になると大小の地方ボスが現金を手に有権者買収に駆けずり回る。公共事業の多くは投票した人への見返りとして配分され、宗教組織や農業団体は金づる兼票源として大事にされる。政治がらみの殺人、誘拐、暴行は跡を絶たない。だから、治安はなかなかよくならない。

国民党は恣意的な資源分配のチャンネルとして、また権力維持の道具として、「黒金」を利用した。票を売った人は見返りを期待し、見返りを得て味をしめると、より大きな返礼を狙って次の選挙で同じ党に票を売る。この悪循環が続く限り、国民党は安泰である。膨大な選挙資金は党営企業からひねり出す。李登輝の政治は民主化と台湾化を成功させたが、政治で選挙が重要になればなるほど「黒金」チャンネルに頼り、暴力と裏金をはびこらせた。民主化が進んでも治安は悪くなるのに有権者はうんざりし、中産階級やインテリは国民党を嫌悪するようになった。そうした有権者の心理が「清流」待望の土壌となったのである。

民進党が「黒金」退治をスローガンに掲げるのは一種の伝統である。二〇〇〇年総統選挙では「第二段階の民主化」の訴えがいま一つ迫力を欠いたこともあり、「清流共治」は勝利の決定打となった。その立て役者は、ノーベル賞科学者の李遠哲である。彼は申し分のない名声と風貌、それに完璧な登場のタイミングで「清流」のシンボルを演じた。

陳陣営監修の書物によると、李遠哲を最終的に陳支援に動かしたのは、投票九日前に台中県議会議長の顔清標《がんせいひょう》が「情義により宋楚瑜を応援する」と発表したことである。顔は「黒金」を絵に描いたようなボスとして有名な男である。台湾では有名な大きな廟の元締めをし、廟に集まる巨額の浄財を政治的に運用して地位を築いたが、運用に不正があった疑いで後に取り調べを受けている。李遠哲は顔が新しい思惑で動き出したことを知ると、その夜自分で陳事務所に電話し、陳水扁に会いたいと伝えた。接触の機会を待っていた陳は、すぐ翌日李と会った。その場で協力の約束が成立し、中台問題、改革推進、そして「黒金」退治の方策を、二人でじっくり話し合ったという(1)。

「清流共治」を国民党支配打破の決め手にしたのは、選挙戦術としては有効な着眼であった。だがこの看板を政権運用にまで使うことには異論もある。例えば施明徳は、「新政府のやり方は清濁共治だ」と皮肉った。閣僚の中に怪しい人物がいると非難しているのではない。理念も戦略もなく、民主主義の未成熟につけこんでイメージのみで勝負するのは、忌むべきポピュリズムだというのである。

だが、「全民政府」の試みが危殆に瀕している中では、もう一つの表看板である「清流共治」は、新政府サバイバルのカギになりつつある。弁護士出身で「黒金」問題にはもともと強い関心があった陳水扁は、選挙戦中にこの問題で具体的なアイデアを公約として示している。選挙違反を専門に扱う特別検察官を任命し、香港で成果を挙げた公務員粛正機関を設け、暴力犯罪を犯した者は一〇年間選挙に出られない法律を定める、などである。

法務部長（法相）として「黒金」退治の総指揮者を任された陳定南《ちんていなん》は、やる気満々で一般の評判もすこぶる良い。彼は台湾北東部の宜蘭《ぎらん》県長時代に、誰もが必要悪と考えていた利権行政を徹底的に改めて、「陳青天」（清廉な陳）とうたわれた人物である。職員五万七〇〇〇人という大所帯の法務部に事務員二人だけを連れて乗り込むと、少々やりすぎではないかと思われるほど果敢に種々の巨悪に立ち向かおうとしている。わずか数ヵ月でこれほど多くの知名人が検察当局の取り調べを受け、検挙されたことはなかったのではないか。

先述した台中の顔清標の件をはじめとして、国民党の現職立法委員である廖福本《りょうふくほん》が株券の偽造事件に関与した疑いで家宅捜索を受け、やはり国民党立法委員でメディア産業の経営者でもある王令麟《おうれいりん》が不法な土地取引をしたとして逮捕された。与党の大物でさえ難を免れず、かつて在米台湾独立運動を指導した台南市長の張燦鍙《ちょうさんこう》が、運河改修工事で賄賂を受け取った嫌疑で起訴されている。

問題は、重大な社会悪が時として政府機関を巻き込んだ組織悪であったり、中国流の伝統社会に特有の大がかりな地下組織につながっていたりすることである。そのような社会悪を暴き出さない限り真の「清流共治」とは言えないが、かといって「黒金」の根源にまで迫ろうとすると、既存の社会・政治システムそのものを危うくする恐れが出てくる。なまなかな正義感だけでは、なかなかそこまでは徹底できない。二〇〇〇年秋の段階でなお解明されていない「尹清楓《いんせいふう》事件」は、まさにそのような重大案件である。

事件の概要はこうである。海軍で兵器調達部門の責任者だった尹清楓大佐が、一九九三年暮れ台湾北東部沖で変死体で発見された。当時フランスから海軍艦艇六隻を買い付ける交渉が進行中で、少なくとも二〇億ドル前後という巨額の艦艇調達にからんで、多数の海軍幹部が億単位の莫大な賄賂やキックバックを受け取っていた。尹大佐は、軍のそうした組織犯罪について「知りすぎた男」であったために消されたようであった。海軍は一時大々的に証拠隠滅と捜査妨害を策し、地下組織に尹大佐殺害を頼んだ疑いもある。犯罪の規模と広がりは底なしであり、他の武器調達でも同様のことが習慣的に行なわれてきたことを思わせる。

この一件が重大事であるのは、汚職の規模の大きさもさることながら、台湾の安全確保の手だてであったはずの武器調達が、実は軍隊という体制を体現する集団を肥え太らせる絶好の場になってきた点である。陳水扁は立法委員時代に尹清楓事件で軍を追及したことがあったが、いま軍の最高統帥者になった。最重要事である安全保障のためには軍の忠誠確保が必須だ。しかし「清流共治」を貫こうとしたら軍の積年の悪弊を暴かないわけにはいかない。「黒金」問題は、正義のありかを示すパフォーマンスだけではあり得ず、新体制の存否を賭ける勝負の場になったのである。

陳水扁は外遊先の中米から「たとえ国家の根本を揺るがすことになっても徹底的に捜査せよ」と檄

を飛ばし、法務部は当時の海軍総司令で参謀総長までつとめた劉和謙《りゅうわけん》の出国を禁止して、軍の最高首脳に調査の手を伸ばした。民衆は固唾をのんで見守っている。

（1）『破暁——陳水扁勝選大策略』二八〇〜二八二ページ。

確実に変わったこと

「全民政府」の機能不全から与党の欲求不満に至るまで、二〇〇〇年秋でまだ五カ月余しか経ていない新政府の否定面ばかりを強調したようなことになったかもしれない。現実には、経験と能力の不足や計算違いがあり、不運にも遭遇した新政府が、何一つ見るべきものを残さなかったかといえばそうではないし、民主的手段による歴史的な政権交代が、一ときの興奮の記憶だけをとどめて一場の夢に終わるわけでもない。

民進党の活動的シンパを自称するある学者は、自分の期待を裏切った新政府をさんざんに酷評した後、最後に急に笑顔になり、「それでも政権交代はやはり素晴らしい。以前の権威主義政治に逆戻りすることは間違ってもないだろう。誰もそれを望んでいないのだから」と言った。台湾通で国民党政治の継続を予測していた日本企業の責任者は、「人格面の好みは別として、陳水扁はなかなか頭のいい人だと思う。功を焦って急進的な政治をしたら、中台関係も内政もぶちこわしになり、これくらいの混乱では済まなかっただろう」と、陳水扁の冷静と中庸をむしろ評価していた。

政界に通じ総統府にチャンネルもある台湾人実業家によれば、新政府が中国向けに再三「善意と和解」を強調してきたにもかかわらず、北京が「新指導者の言動を観察する」と言うだけでほとんど動かないのは、実は新政府が何を言うかよりその実体と性格を見きわめようとしているからである。「全民政府」は国民党員閣僚が多く、表面はただの寄り合い所帯だが、北京の目には「台湾独立論者を含む民進党員とそのシンパがずらりと並んだ政府と映っているはずだ」というのである。それは印象だけではないようで、民進党員の政治学者・郭正亮も、「行政院の各部・委員会〔中央省庁〕の部長と次長〔閣僚と次官〕を合わせると、民進党員は半分強を占め、国民党は四分の一弱、残りが無党派である。行政院と立法府の関係や内閣人事では、過去の一党独占の枠をすでに突き破っており、政策決定の仕組みも政治責任のありかも、かつてない変更を迫られている」と書いている[1]。

その種の変化が傍目にも明白に読み取れるのは、例えば文化行政である。中華文明の精華とも言うべき膨大な文物を所蔵し、日本でもよく知られている故宮博物院の院長に、陳水扁は民進党系の進歩的な歴史学者・杜正勝《とせいしょう》を起用した。閣僚級に格付けされるこのポストには、外省人で蒋介石とごく近かった秦孝儀《しんこうぎ》が一八年間も座り続け、最初の台湾人総統・李登輝でさえ手をつけるのを憚った。「蒋家の宝物番」と陰口された七九歳の彼に替え、『台灣心　台灣魂』という著書もあるナショナリストの杜を据えたのは、「阿扁だからできた快挙」と評判になった。

あまり目立たないが、やはり刺激的な人材抜擢として話題になったのは、国史館の館長人事である。国史館とは「中華民国史」の研究機関、平たく言えば国民党独裁の正統性を学術面から補強することを目的としたような機関で、館長は代々学者ではなく官僚だった。新館長になった張炎憲《ちょうえんけん》は、台湾史研究の草分けの一人である。台湾史研究はつい数年前まで禁止状態に等しく、彼自身の話によれば、最初は仲間にも隠れるようにして研究せねばならなかったという。そうした筋金入りの本土派学者で熱心な民進党活動家でもある彼を、李遠哲が院長をしている中央研究院の近代史研究所から国史館に送り込んだのは、ほとんど蛮勇と言うべき大胆人事であった。

草の根の文化運動に熱心だった民進党は、国民党政権が台湾文化に執着が薄かったのと対照的に、文化行政には意欲的である。音楽家で文化運動の長いキャリアを持つ陳郁秀《ちんいくしゅう》（女性）は文化建設委員会主任（文化相）に就任すると、新しい重点施策に「多元的な〔台湾〕本土文化の内容を高める」ことをとくにうたい込んだ。党内にはこの「委員会」を「部」に格上げしようとする主張があって、それはいずれ実現しそうだし、県クラスの「文化中心」も格上げされるだろうと言われている。

官庁が「中国文化とは異なる台湾文化」の再発見と育成に積極的なのは、李登輝時代に始まった台湾化が定着したことのあかしであるばかりでなく、民衆レベルで「われら台湾人」意識が高揚し、民進党主導になった官庁を突き上げて、一層の台湾化を促しているからでもある。陳水扁政権誕生の熱気の中で、従来概して保守的だった電波メディアが台湾語番組を拡充し始め、香港資本が入っている有線テレビ局ＴＶＢＳでさえ台湾語ニュースを流すことになったのは、民間と官庁の間に発生した文化の台湾化の相互作用による効果だと見るべきであろう。

グラスルーツの文化状況に詳しい中央研究院民族学研究所の文化人類学者・黄智慧《こうちえ》の話によれば、「文化工作者」と総称される地方文化の担い手がますます元気づき、コミュニティ・レベルで種々の成果を挙げ始めているという。陶器の街として知られる台北の南隣・鶯歌《おうか》市の場合では、陶器博物館や大規模な地元物産センターができて文化環境が飛躍的に改善され、地方都市の独自性に対するプライドが格段に高まっているそうである。これから先政治状況に曲折があるとしても、こうした文化状況の変化はもはや不可逆的なものであると考えられる。法輪功問題のように中国国内で起きている社会的変化が、めぐりめぐって中台関係の環境を変えずにはおかないのと同様に、底辺の意思を反映した台湾化への決定的シフトは、中国との関係をも根本において規定してゆくに違いない。

（1）郭正亮『變天與挑戰』一二二ページ。

転換期の苦しみ

政権交代は「万年与党」だった国民党の凋落を加速させ、与野党間の関係を根本的に変えずにはおかなかった。総統選挙に敗れた国民党は、惨敗の虚脱感からか、陳水扁が「全民政府」の柱となる閣僚に唐飛ら実力のある党員を次々に一本釣りしてゆくのを、黙って眺めていることしかできなかった。「党改造委員会」の作業も、党機構を少々簡素化した程度にとどまっている。何よりも、次の総統選挙に誰を立てて政権を奪回を目指すのか、目途が全く立っていない。世論調査の政党支持率では、党を割る形で総統選挙に立候補して善戦した宋楚瑜の親民党にも及ばず、不振を極めている。李登輝が国民党を見限るのは、時間の問題のようである。

当面唯一の力の見せ場である議会で、国民党は新与党と新政府を揺さぶってはいるが、一方で「嫌がらせにばかり熱心だ」という印象を与えている。リベラルな学者、インテリの団体で政界、学界に影響力のある澄社が、八月半ばに「新政府を戒める」と題した長大な批判文を発表して種々の苦言を呈したが、その冒頭で「政権の平和的移譲が順調に終わった後、施政遂行に問題が続出している一因は、野党に善意がなく、力に任せて〔議会で政府・与党が提出した議案を〕ボイコットしているからでもあ

り、憂うべきことだ」と、国民党の嫌がらせ戦術をも批判している。(1)

国民党の戦術が与党を揺さぶり、一〇月危機につながったのは確かだが、さきに引用した政治学者・郭正亮の「行政院と立法府の関係における一党独占の枠組みは打破された」とする指摘が正しいと信じるなら、国民党が不毛の議会ゲームに熱中している間に、再起と政権復帰の可能性を自ら閉ざしていることになる。国民党が「以党領政」の伝統に従って行政院を牛耳った時代には、国民党と政府の方針と政策を承認するだけの立法院は、「行政院立法局」だと言われた。新政府になって立法府と行政府の関係は逆転し、議会多数派のなすがままに甘んじている行政院は、「立法院行政局」だと評されるようになった。

権力トップの所属する政党が議会で第二党に甘んじるというねじれ現象は、クリントン時代のアメリカ、ミッテラン時代のフランスにも見られたことで、政治現象としてはとりたてて異常なことではない。だが台湾の場合には、初めて起きたねじれ現象が政治不安に直結した。議会政治が実質的に機能し始めてまだ日が浅く、巨大な政党が長期間政治を壟断するのがむしろ常態だった伝統中国型の専制体制が終わった直後にあっては、それも避け難いことであっただろう。

「全民政府」は、その発想に便宜主義のにおいが強かったことは先述の通りであり、過渡的性格は最初からあった。唐飛辞任に至った一〇月危機の論評の中には、『全民政府』〔が危機を経験したこと〕は、政党間の政権交代が二段階のプロセスを経て進行したことを意味する」とする、民進党にやや同情的なものもあった。「長い間一党執政下にあった台湾の『変天〔天下の変動〕』は、国民を少なからず震撼させた。……民衆はまず総統府の変天に順応し、四ヵ月余後には行政府の変天に適応を迫られた。むしろその〔二段階プロセスの〕方が〔政権交代による〕ショックははるかに小さくて済んだはずだ」というのである。[2]

この論評が示すように、政権交代は不可避的に巨大な衝撃を伴った。単に政権授受の過渡期を導き出すにとどまらず、種々の意味で重大な転換期の始まりを画した文字通りの「変天」であり、無事にやり過ごせればそれでよしというわけにはいかなかったのである。

第一に、この政権交代は五五年の長きに及んだ国民党の一党支配時代が終焉し、複数政党角逐の時代が始動する転換期を象徴している。当たり前のことのようだが、そのことの重みを過不足なく評価しておく必要がある。総統選挙で苦戦を強いられた国民党は、権力維持の重要な手だてだった党営企業を含む党資産を少なくとも形の上では手放し、より透明性の高い信託方式に移す方針を示して、「黒金」体質からの脱却が党の偽りなき意志であることを印象づけようとした。党資産は党の生命線であり、他の政党との決定的な差異を示すものでもあった。その党資産を手放すことは、国民党が他党と同等の位置にまで自らを引き下ろすということである。国民党がそのような自爆行為に踏み切らざるを得なかったのは、そうでもしなければ政権の喪失は防げないと判断したからである。

実際には、それでも国民党は永久与党の地位を失った。民進党は、国民党の分裂と自信喪失の余禄にあずかる形で与党になったが、それで旧与党の資産をごっそり手に入れたわけではないし、官僚群から一夜にして信頼をかち得たのでもなかった。資金も人材も行政のノウハウもなく、それでも改革への漠然とした期待だけは満たさなければならない。それは民進党にとってあまりにも過酷なチャレンジであり、手に余る任務である。

総統選挙戦の中盤に民進党が発表した「二〇〇〇年政策綱領」は、「国家体制が正常な軌道に乗ってこそ、政府と人民の間に相互信頼の基礎が打ち立てられ、政府と民間が対等の立場で協力でき、政府は効率的に民間の力を引き出すことができるのである」とし、政府と民間、中央と地方のパートナーシップに依拠した執政の青写真を描いている。(3) 草の根政党としての手法を持ち込もうという試みはユニークではあるが、実効性の点でいささかナイーブすぎる印象は否めない。

転換期の意味の第二は、一二年間の李登輝時代が終わり、カリスマも強力なリーダーシップも欠く総統のもとで、「第二段階の民主化」を進めねばならない時代が到来したことである。「民主先生」と呼ばれた李登輝の圧倒的な声望は、国民党内保守勢力との死闘の中で築き上げられたものであったから、彼自身が後継者に指名した連戦といえども、それをそっくり引き継ぐことはできなかった。また、李の「民主化」は中産階級化した市民に歓迎されたばかりでなく、冷戦後になって普遍化した価値観と合致し、人権状況の劣悪な中国と対比されることを通じて、台湾の安全を保障する助けになった。「民主化」が二様の効果を挙げたのはおそらく偶然ではなく、学者政治家・李登輝の周到な計算の結果であっただろう。

新総統陳水扁にあるのは、声望ではなく人気である。彼が得意とするのは高邁な哲学や理念を披瀝して見せることではなく、猛烈に働いて「効率的な政府」を実現し、「台湾の子」(台湾人)を喜ばせることである。彼は選挙戦中に「李登輝の民主化を引き継いで完成させる人物」のイメージをふりまいたが、李登輝と同じスタイルが演じられるタイプではない。価値観が多様化する中で、より高度な民主化を実現してゆく資質が彼にあるのかどうか、未知数としか言いようがない。

第三に、経済でも転換期が迫っている。一九九七年のアジア経済危機の時でさえ好調を維持し、バブルの崩壊で手痛い目に遭ったことが一度もない台湾人には、高度成長を当然視する気分が確かに見受けられる。だが、金融業の自由化で一般銀行が街の隅々にまで小さな支店を開き、過当競争を生き延びようと必死になっている状況を、銀行業関係者は「もうそろそろ限界」と見ている。二〇〇〇年夏には、不動産業から身を起こして大手にのし上がった企業グループの一部門に不渡りが出たり、金融資本出身の大企業に経営危機の噂が流れたり、情勢不穏が伝えられていた。

経済に大問題が発生したら、旧政権時代から持ち越された宿弊がその原因であっても、責任をとらされるのは当然新政権である。陳水扁に近いある実業家は、「経済に関する限り台湾は幸運続きだった。その間に見過ごされてきた問題が噴き出したら、新政権は過去の幸運のツケを払う不運を背負わされる。政治問題よりもむしろその方が心配だ」と言っていた。

転換期にあっては、過去の政策モデルは問題解決の手だてになりにくい。だから試行錯誤は避けられない。その意味で、政権交代を成し遂げたつかの間の歓喜が数か月で不安と懐疑に転じたのも、ある程度仕方がないことである。新政府にすべての責任を帰し、「悪いのは阿扁だ」としてこと足れりとするのは、安易に過ぎるであろう。それでは転換期の意味を矮小化することになり、陳水扁政権が苦悶する真の理由にも迫れないであろう。

（1）『聯合報』二〇〇〇年八月二〇日付。
（2）『中時晩報』二〇〇〇年一〇月四日付。
（3）民進黨政策委員会『我們的新責任・台灣的新起点』民進黨中央黨部、七一ページ。

〈追記〉一〇月危機は、唐飛の辞任と民進党主導政府の成立だけでは終わらなかった。一〇月二七日に張俊雄行政院長が第四号原発の建設中止決定を突然発表したため、野党がこぞって強く反発し、陳水扁総統の罷免を要求して、政治危機はさらに深まった。立法院で過半数を占める国民党は、陳水扁が連戦（国民党主席）と会談した直後に建設中止が発表されたことを、議会と国民党に対する侮辱であると喧伝し、野党の大勢は罷免議決で固まりかけた。しかし、世論は一貫して罷免を支持せず、国民党内の本省人有力者が陳水扁追い落としに消極的な態度に転じるなどの経緯を経て、年末までには第二の危機は終息した。

陳水扁は、内閣不信任と議会解散を覚悟して、局面の強行突破を図ったようである。ところが、野党の予想以上の反発を受け、矛先が総統自身に向けられると、一転して弱腰になり、テレビで「配慮不足だった」と連戦に陳謝するなど、リーダーシップを貫ききれない弱さを露呈した。総統府の重要ポストに側近の若手を重用した陳水扁の政治スタイルに対し、情報源不明のスキャンダル報道を契機にして、強い疑問が呈せられたことも、新政府の信頼性を損なう結果になった。

この間、元国民党幹部で総統選挙に無所属で立候補し惜敗した宋楚瑜（親民党主席。外省人）が、不仲だった連戦との会談を実現させて野党連合が成立した。宋の親民党は世論調査では国民党をしのぎ、陳水扁政権が支持を失えば宋の勢力が伸びる気配であるのが、二〇〇一年初頭の趨勢である。総統選挙に敗北した責任をとって国民党主席を退いた李登輝は、こうした趨勢を憂慮しているようであり、彼の隠れたイニシアティブのもとで、国民党内の李登輝派と民進党との連合を構想しているという報道もある。二〇〇一年末の立法院、地方首長選挙をにらみつつ、新政権下の台湾はなお当分流動が続くであろう。

2　新しい中台関係の実験

陳水扁政権が処理すべき種々の政策の中で、中国政策はきわめて特殊な分野である。経済や福祉などの政策であれば、与党と政府が協議を重ねて理念と方針を随意に決め、それに従って具体的なアイデアを集めて、実行に移してゆけばよい。方針や施策に誤りがあったり客観情勢に重大な変化が起きたら、随時変更を加えればそれで済む。政策の幅は無限大であり、選択は基本的に自由である。

ところが中国政策に限ってはそうはいかない。陳水扁の選択の幅は厳しく制限されており、かりにスタッフが破天荒な素晴らしいアイデアを考案したとしても、多くの場合まず実行は不可能である。「一つの中国」「一国二制度」の原則を振りかざす北京を本気で怒らせたら戦争になるから、相手の言う原則が受け入れられなくとも無下にダメは出せない。それなら思い切って「一つの中国」を受け入れてしまえるかといえば、それも難しい。陳水扁を台湾の総統の座に押し上げたのは、でき得れば台湾の独立、それが無理なら実質的に独立状態の現状を維持することを、心の底から望んでいる人たちだからである。

前にも進めず後ろにも戻れないひどく窮屈な状態の中で、彼は中国を何とか満足させ、しかも自分に投票してくれた有権者を裏切らないような政策を、どこかに見つけ出さなければならない。前総統の李登輝も、窮屈な政策選択を強いられた点では似たようなものだったが、彼が率いた国民党は「国家統一綱領」の原則をつくった党であり、そこには一応中国との段階的統一を目指すことがうたわれているから、選択の幅を少しは広くとることができた。陳水扁にはいざとなっても逃げ道はほとんどなく、中国か有権者かを強引に言いくるめるような方便も見出し難い。中国政策を任意に変えることはできないのである。

だが実際には、陳水扁の中国政策は常に変動を続けてきた。言うまでもないことだが、それは政策を一八〇度変えたとか、原則を覆してしまったとかいうことではない。微調整を繰り返してきたという意味である。総統当選前の無位無冠時代はもちろん二〇〇〇年三月の選挙に勝ってからも、彼には一貫した中国政策がないと言われるほど、言うことが少しずつ変わった。逆説的な言い方だが、彼が絶えず政策を変えたのは、政策選択の幅が限られていたためである。選択肢が少なければ少ないほど、限りある自由を最大限に使おうとする。そうすることで、あたかも無限の自由があるかのように振舞う。与党・民進党が綱領にうたう台湾独立のドグマをどこかで不用意に口にしはしまいかと恐れて、何も言わず何もしないよりは、まだましである。

台湾を取り巻く国際環境がここしばらく比較的安定していた分だけ、陳水扁は運が良かった。少々矛盾したことを言っても、どこからも文句が来なかったからである。だが中国の次期指導陣のラインナップが固まりアメリカの次期政権が動き出せば、台湾問題は米中間に残された重要な懸案として、間違いなく注視を浴びるであろう。二一世紀早々から、台湾新政権はのっぴきならない局面に立たされる可能性大である。この章では、民進党政権下における中台関係の姿を描き出すこととし、総統選挙戦の過程でいかにして民進党の中国政策が形を整え、どのように変容しながら新政権に引き継がれていったかから点検してゆくことにする。

一　統一／独立の枠を超えて

北風よりも太陽で

陳水扁が描いてきた中国政策は、戦略論風のごく大まかなものから「総統就任前に中国を訪問したい」といった選挙限りのサービスに類するものまで多岐にわたり、中国との直接往来に使うべき地名を挙げて見せるという具合に、時には詳細でもある。だがまず注目しておくべきなのは、選挙戦以来の彼の基本的発想が、中国との統一か、それとも台湾独立かという二者択一論（「統独論」）を超越することに、究極の目標を据えている点である。

彼の著書『台灣之子』の記述に従えば、グローバルな視野に立った新思考、いわゆる「新中間路線」は、「統」か「独」かを含む台湾の種々の基本的矛盾を超越することを目指すものであって、そうした最大公約数的、多元的な融合路線にあっては、いかなる極端をも排除する。台湾海峡両岸の関係（中台関係）にあてはめると、世界とアジア太平洋の安全を確保する立場からリスク管理を重視し、台湾の尊厳と発展を維持するような政策になる、というのである。(1)

それは、イギリスのブレア首相の持論を持ち込んで台湾風にアレンジした「政治哲学」であるために、どこか借り物風の生硬さがあるにしても、中台間で統独論を延々と繰り返しているだけでは不毛であり、緊張状態が恒常化して和解も平和もやってこないのだから、アプローチを根本的に変えてみようという態度は、それなりに意欲的ではある。総統選挙の陳陣営お墨付きの本によると、一九九八年一一月の台北市長選挙に陳水扁が敗れた後の反省会で、中台問題という民進党の弱点がやはり克服されず、それが敗因であったという結論となった。陳側近の馬永成《ばえいせい》が、その後イギリスでブレアの著『第三の道』を読んで感銘を受けたのがきっかけで、総統選挙に打って出る陳水扁の基本理念にすることとした。選挙本部総幹事（総責任者）の邱義仁の判断は、有権者にはわかりにくかろうが弾力的に解釈できていいだろう、ということであった。(2)

「統独の超克」は理念だから、それ自体に具体的な政策がぎっしり詰まっているわけではない。だがこの理念からいかなる方針や政策が派生するのかなら、陳陣営が選挙中に発表した各種の白書（政策公約書）に詳細に説明されている。例えば「外交政策白書」には「グローバル化の観念には『国家の境界線の曖昧化』と『国家主権の独立性』との間に絶えず不整合が起きることが暗示されており、この両極間に『新中間路線』を求めることこそ、新世紀の台湾指導者の重大な責任である」とある。(3)「中国政策白書」には、この理念そのものに触れたくだりは実はどこにもないのだが、精神においてそれを濃厚に反映した方針と政策は随所に散りばめられている。

例えば「前言」では、中台間には善意の友好関係、互恵共存の経済交流がなかなか実現しないが、「対立の中に秩序を求めることが二一世紀の台湾総統の最も重要な使命であり責任である。平和な台湾海峡、共存共栄の両岸関係、そしてアジア太平洋地域の協力互助〔の実現〕は、世界に対して台湾がなすべき責務である」。その観点に立って民進党は「二一世紀を起点とする中国との関係の全面的正常化を、中国政策の主軸に据えた」と、中国政策の基本線を述べている。(4) 対立よりも共存であり、秩序だというのである。

こうした態度を踏まえ、「白書」は共存のための考え方と手だてを、三章に分けて開陳している。台湾は歴史、文化、地縁のつながりが深い中国とは共存するしかなく、長期間対立することは不可能だ。経済にしても、中国市場に知らぬ顔はできない。「互恵共栄という最高目標」を達成するにあたり、何よりも台湾が安全でなければならないが、現実には中国とは対立関係にあるのだから、紛争が勃発するリスクを管理する方策を講じることとする。経済ではすでに切っても切れない間柄になっているから、リスク管理と経済的利益の追求とをパラレルで進めよう。

そこで提案だが、議題を事前に決めずにともかくも対話を再開する。必要とあれば非公式の対話チャンネルを開く手もある。軍事演習や部隊の移動を通告し合ったり、軍事ホットラインを設けたりして、互いの疑心暗鬼を解いてゆこう。海運の直接通航を解禁する交渉に入り、空路も利益山分け方式で開いてもよい。双方は近くＷＴＯに加盟するのだから、中国への投資も金額制限をやめて奨励しよう。業種によっては中国企業が台湾に投資するのを許可する。こうして好ましい関係ができたら、中台平和協定を結ぼうではないか。

「白書」は、野党だったからこそ大胆に言えたと思える楽観的な調子で貫かれており、北風よりも太陽の融和的態度が際だつ内容である。もしここに並べられたことの半分でも実現すれば、統一か独立かを議論し続けることが、確かに無意味に見えてくるであろう。

ただしこの場合、満たされるべき重大な条件が設定されている。それは、「白書」第一章の冒頭でとくに強調されている通り、「台湾と中華人民共和国との間に一般の国家間にはない特殊で密接な関係」が成立するためには、「主権の独立と国家の利益に影響が及ばないのが前提」だ、というのである。[5] つまり、中台関係の全面的正常化も共存も、国家対国家の正常化であり共存なのである。「白書」には、北京が言う大原則「一つの中国」の諾否については全く触れられていない。

このような前提付きの共存に、中国が応じる可能性は当面ないであろう。それでも善意と融和の態度で対話を呼びかけ続ければ、やがて中国がしぶしぶ応じてくるのかどうか。それはやってみるしかないのであり、「統独の超克」それ自体がチャレンジなのである。

(1)『台灣之子』一一三〜一一六ページ。
(2)『破曉——陳水扁勝選大策略』二三〜二六ページ。
(3)『陳水扁國家藍圖一　國家安全』陳水扁總統競選指揮中心藍圖委員會、一一一三ページ。
(4)同、一一〜一二ページ。
(5)同、一四ページ。

「台独綱領」読み替えの意味

民進党は一九九一年一〇月の第五回党大会でいわゆる「台独綱領」を採択し、「公民投票により〔賛成が得られれば〕主権の独立した自主的な台湾共和国を樹立する」ことを党の基本方針に採用した。おりしもソ連邦の崩壊や天安門事件の直後で、台湾独立の主張の正当性を裏づけるような追い風が内外に吹いており、結党五年目でなお新生の熱気に満ちていた民進党は、その追い風と熱気に押されるようにして、急進路線を鮮明にしたのである。

だがそれから八年近くを経て陳水扁が総統選挙に立候補するころには、国際環境も中台関係も、また台湾内部や民進党内の大勢も、「台独綱領」を無条件で正義と認めるような状況ではすでになかった。それに陳水扁は二〇〇〇年の選挙に勝たねばならず、勝つためには「台独を叫ぶことによって台湾を破滅に追いやる危険人物」ではないことを選挙民に印象づけねばならない。選挙中から新政権成立後までの民進党と陳水扁の中国政策形成プロセスは、「台独綱領」によって課せられた過激派イメージの制約を、一つずつ慎重にはがしてゆく作業にほかならなかった。

新政権の成立後は民進党入党者が急増して党員数は倍以上になったというが、ここ数年の民進党の基礎票はほぼ三〇%というのが相場であった。したがって陳水扁が勝つためには基礎票に大幅な上積みが必要となる。投票一年前には宋楚瑜、連戦を加えた三人の争いになることが確定していた。最後には力の接近した三者の僅差の勝負になると想定すれば、民進党は最低五%、できれば一〇%の支持の上積みが要る計算である。「阿扁」の人気で取り込み可能な層といえばホワイトカラー、専門職、中小企業経営者といった安定指向の強い中産階級しかない。そうなると、台独路線から距離を置いて見せない限り当選は難しいと思われた。

こうした現実を前にして、政策政党へ「転型《チュアンシン》」（体質改造）中でもあった民進党は、選挙戦序盤にあたる一九九九年五月の党大会で「台独綱領」を実質的に手直しした。党内には綱領への執着がなお強かったために綱領そのものは修正せず、「台湾の前途に関する決議」で綱領の解釈を変更したのである。決議は「前文」「主張」「説明」の三部分からなる。「主張」は以下の七項目であった。

一、台湾は主権の独立した国家であり、独立の現状にいかなる変更を加える時も、台湾全住民の公民投票の方式によって決定されねばならない。

二、台湾は中華人民共和国には属さず、中国が一方的に主張する「一つの中国の原則」と「一国二制度」は、台湾には根本的に適用できない。

三、台湾は広く国際社会に参画し、国際的承認と国連など国際組織への加盟をかちとることを、奮闘努力の目標とする。

四、台湾は「一つの中国」の主張を止揚せねばならず、国際社会に認知の混乱を起こさせて、中国に併呑の口実を与えてはならない。

五、台湾は公民投票の法制化を速やかに完成させ、直接的民権を定着させ、必要時における国民のコンセンサス形成と全民衆の意思表明を可能ならしめる。

六、台湾の朝野各界は党派に関係なく、対外政策におけるコンセンサス形成と限りある資源の整合を図り、中国による圧力と野心に対抗してゆく。

七、台湾は中国との全方位的対話を図り、それを通じて相互理解と経済貿易の互恵協力を深め、平和の枠組みを打ち立て、両者間に長期的な安定と平和をもたらすことを期す。

九一年の「台独綱領」と比較すると、公民投票の目的が「独立国家を樹立する」ためから「独立状態の現状を改める」ためへと逆転した。現状変更のために住民投票をする必要などはおそらく半永久的にないであろうから、その点では一種の現状固定論である。中国の鼻先で台湾の将来を決めるための住民投票をすると叫ぶのは刺激的でもあるので、それはしないというしごく穏健な妥協でもあった。さらに「主張」に付せられた「説明」には、「台湾は憲法により中華民国を称し、……対外的には『中華民国』など種々の名称を使用してゆく」とある。これは、「中華民国」は台湾人の意思と無関係に国民党が大陸から持ち込んだ「国号」だから使用すべきでないとした党の立場を、現状肯定の精神に立って根本的に修正したということであった。

こうして民進党は党の基本的立場を修正までして、陳水扁当選への最低条件を整えようとした。この場合、立候補予定者が陳水扁であったことが、穏健路線への転換をより強く印象づけることになった。党が中国政策で種々の曲折を経てきた中で、偶然か必然か、要所で重要な調整役を果たしたのは彼であった。一九八八年四月の臨時党大会でも、また「台独綱領」が採択された第五回大会でも、陳水扁は党がストレートな台湾独立路線の採用に突進しようとするのを押しとどめるべく、折衷案を緊急提案し、そのたびに多数の支持を得て採択されていた。

そのさいの議論の経緯と、中国政策に関する彼自身の立場については、第Ⅱ部第2章にすでに詳述されているので、ここでは繰り返さない。ただ、陳水扁がとってきた立場と彼の関心、および党内での役割に関しては、第Ⅱ部の筆者とは若干ニュアンスが異なる印象を持っているので、その点のみ一、二点記しておきたい。

筆者の観察では、立法委員（国会議員）であり、その後台北市長になったころまでの陳水扁が、独立への方向を肯定したり国号の変更を主張するなど、台独原理主義者のような印象を与える発言をしてきたのは、主として民進党が執政党になる現実的可能性が生じる前のことであり、彼独自の見解の開陳というよりも、いわば党の多数意見を述べたにすぎなかった。それに、その当時彼の関心は、党がいかなる中国政策を採用すべきかもさることながら、法理論面への興味にウェイトが傾きがちだったように思われる。

「台独綱領」採択以後、台湾の現状に関する民進党の基本認識は、「台湾は主権の独立した国家」というものであったが、他方「中華民国」は正統性を欠く国号だともしてきた。ところが法的現実としてこの島に存在するのは、いわゆる「中華民国」であって「台湾」ではない。台湾に「主権国家」が現実に存在すると主張するなら、その「国家」とは「中華民国」でなければならないはずなのに、民進党はその国号は拒否した。法律家の陳水扁から見れば、民進党の基本認識はナショナリズムに根ざした政治的主張としては理解できても、法的には大きな矛盾と映ったはずである。陳水扁の政治家気質からして、燃えるような政治的情熱よりもクールな法的整合性の方に興味が向いたのではないか。

陳水扁は「台湾の前途に関する決議」採択から一ヵ月半後、台湾独立を強く主張する団体に呼ばれた「対話」の席で、台湾は独立「すべき」なのか「すでに」独立しているのかを問い詰められ、「台湾独立は既定の事実だが、法理論上は一〇〇%独立したわけではない」と答えている。[1] 質問に誘導されたにしても、いかにも彼らしい冷徹な答えの選び方であった。また陳水扁が台北市長再選に動き出した一九九八年二月、中台関係の和解に向けて積極策をとるべきか、それとも李登輝の方針に従って当面慎重を期すべきかをめぐり民進党が真っ二つに割れた時、両論の対立で激論になった「中国政策大弁論」の場に、陳水扁は出席さえしなかった。[2] 市長選の選挙運動で多忙ということはあったにしても、その種の思弁的な議論には、彼はもともと関心が薄かったように思われる。

(1)『破曉――陳水扁勝選大策略』五三〜五四ページ。
(2) 郭正亮『民進黨轉型之痛』台湾・天下文化出版、一四六ページ。

阿扁の苦戦と実務路線

「中国問題白書」の執筆責任者で、新政府成立後に対中政策担当機関である大陸委員会の次官に就任した陳明通が共同執筆した研究論文によれば、中国政策に関する陳陣営の基本作戦の一つは「失点を最小限にとどめる」ことであった。[1]「台独綱領」の大方針があり、中国問題の実務経験者は皆無に等しく、中国情報に乏しい民進党は、総統選挙のような全土規模の選挙では、「中国政策に弱い党」として他党の攻撃を受けやすいのは事実である。陳陣営の最高参謀たちが、折にふれて「両岸関係のように台湾の死命を制する問題を、競争の場に持ち込んであれこれ言うことは控えるべきだ」といった発言をしたのも、民進党の弱点をさらけ出すような局面が出現することを避けようとしたからであった。

だが選挙戦が白熱すればするほど、台湾住民にとって文字通り死活のかかったこの問題を避け続けることは、しょせん無理な相談であった。投票日直前にある若手女性学者は、「前回〔一九九六年〕の総統選挙の時は、中国問題では経験の十分な李登輝の当選が決まっていたようなものだったから、中国がミサイル演習で脅しても本気で心配する人は少なかった。今回は次の総統に誰がなるか、中国がどう出るか、みんな多かれ少なかれ真剣に心配している」と言っていた。陳水扁が中国問題にそっぽを向いたり及び腰であったりしたら、やっぱり民進党と阿扁ではダメだということになっていたであろう。

選挙戦以来の陳水扁の中国政策は、台湾が独立国家であるか否か、「一つの中国」を認めるか否かといった原則的問題にばかり終始熱心であったというわけではない。むしろ現実性と実務性を印象づけようとする傾向がきわめて濃厚であり、その点で、思弁に傾きがちだった民進党の思考パターンを突き破ったとも言える。彼は台北市長選に落選してからわずか一ヵ月後に、五人からなる私的な「大陸政策グループ」をひそかにつくって自分なりの政策づくりを始めており、(2)「台湾の前途に関する決議」に先立つ一九九九年四月の訪米あたりから、独自の中国政策を小出しにしていった。実務色がとくに目立ち始めたのは、九月に「国家の安全を主軸とする新中間路線」を発表したころからである。

それは、それまでに断片的に明らかにしてきた中国政策と党の新しいアプローチを整理して系統的にまとめ上げた、彼にとっては初めての政策パッケージにあたるものであった。ここには、中国との対話にあたってはいかなる議題を話し合ってもよい(つまり「一つの中国」を議題にすることも拒まない)こと、当選の暁には自ら中国を訪問したいことがうたわれた以外に、「国家の安全を損なわないことを前提に、市場原理と互恵原則に基づく『三通』を実現させ、投資制限を緩和する」主張が新たに盛り込まれている。

「三通」とは中国との通商、通航、通信を指し、これを大っぴらに認めてしまえば中国を利することになるという立場から、国民党の歴代政府は原則として「三通」は公認しなかった。国民党はまた、台湾企業の中国向け投資についても同じ発想から「戒急用忍（急がず、忍耐強く）」の方針をとり、一件あたり五〇〇〇万米ドルを超える大型の投資は原則として認めない政策をとってきている。陳水扁の新政策は、国民党が長らく維持してきたきわめて慎重な対中国経済政策を根底から覆すものであったばかりでなく、民進党内での議論の限界を乗り越えるものでもあった。

この新政策パッケージではさらに、対話の窓口担当者の相互訪問と協議を制度化すること、軍事面で信頼醸成システムをつくり上げること、対話にさいしては議題に制限を設けないことなどをうたい込み、中台間の接触をルール化しようとするアイデアをも示した。ここには、従来の国民党対共産党の接触が対話というよりも腹の探り合いに近かったのを改め、クールで安定した合理的スタイルの対話を定着させようという態度が読み取れる。これもまた、中国と過去に複雑なしがらみを持たない民進党でなければ打ち出せない新機軸だったと言えるであろう。

運の悪いことに、この新政策が発表された翌日の未明、台湾大地震が突発した。大天災の発生とあっては、政策はおろか選挙どころではない。民進党にしては大胆な決断であっただろうこの新政策はろくに報道さえされず、当面空振りに終わった。大地震もそうだが、この年暮れまで陳陣営はついていなかった。三月から四月にかけては党内実力者・許信良の脱党慰留に失敗しているし、民進党が「阿扁総統」実現へムードを盛り上げにかかった矢先の七月には、李登輝が「二国論」をぶち上げて大騒ぎになり、高まりかかった民進党の動向への関心がそらされてしまった。圧倒的な支持率で選挙戦を独走していた宋楚瑜との差は、国民党と民進党が種々の手を使ってしつこく宋攻撃をしたにもかかわらず、いつまでたっても詰まってこなかった。

注目すべきは、陳水扁の中国政策が実務色を強めていった時期が、「陳水扁は宋楚瑜に追いつき追い越すのは無理ではないか」という悲観ムードが漂い始めた時期と、ほぼ重なっていたことである。客観情勢が当選困難な方へ傾いていくのに、政策がむしろ具体性と現実性を強めていったのは、理屈に合わないことのように見えるが、そうでもない。

陳陣営が中台関係の核心にふれることについてまで具体的な提言ができるようになったということは、民進党が台湾人意識と観念論だけの政党から脱し始めたということである。かりに陳水扁が総統選に敗れたとしても、「民進党は政策にも強い」という印象は残る。同じ敗北でも、理想論や抽象論を振り回すだけで負けるのとでは、後々への影響が大きく異なる。だから、敗色濃厚であろうとも政策は詳細にわたるほどよく、次の選挙に勝利の期待をかけることもできるのである。

陳陣営の中心人物が監修した本に、陳陣営が独自の具体的な中国政策を提示したことの「主たる目的」が、「民進党が実務的で責任ある政党であることを明白に示すこと」にあったと書かれている(3)のは、そのような狙いと戦略があったことの証左であろう。やはり陳陣営の内部に通じた陳明通の共同執筆論文は、民進党の中国政策が、「二国論」あたりまでは旧来の理念を現実的に転換することに重点を置いた「戦略の明確化、戦術のあいまい化」方針であったのが、それ以後「戦略のあいまい化、戦術の明確化」方針に転じたと分析し、さらに「両岸〔関係〕のテーマを〔具体的テーマに〕しぼっていったことにより、『統独』論争を周縁化し、……陳水扁陣営が選挙の争点の選択で次第に主導権を握る方向に導いた」と、別の効果を強調している(4)。

(1) 陳明通、王智盛「二〇〇〇年總統大選民進黨中國政策之研究」。台湾・新境界文教基金會『中國事務』誌二〇〇〇年第一期、八ページ。
(2)『破曉——陳水扁勝選大策略』四七ページ。
(3) 同、四八ページ。
(4)「二〇〇〇年總統大選民進黨中國政策之研究」。『中國事務』二〇〇〇年第一期、一三ページ。

「陳七項」からゴールへ

小異変はあったが戦況に響くような大事件はなかった選挙戦に、一九九九年一二月初め、文字通りの大異変が突発した。トップを走っていた無所属候補・宋楚瑜に、国民党秘書長時代の巨額の使途不明金があることが発覚したのである。それを暴露したのは、目立ったためしが全くない国民党立法委員の楊吉雄《ようきつゆう》であり、国民党が材料を提供して宋の追い落としを策したことは明らかであった。

それまで宋が断然優位、一〇数%離されて陳水扁と連戦が続く「一強二弱」だった選挙戦は、宋の釈明の手際が悪く、その後も疑惑材料が続々出てきたため、三者の支持率差わずか数%の「三者鼎立」へと一変した。運に恵まれなかった陳水扁に、不運を補って余りある幸運が舞い込んだのである。宋の疑惑の内容が国民党中枢の不透明な資金運用であったため、宋を離れた支持は国民党の連戦には行かず、全く局外にいた陳水扁に流れ込み、年末には陳の支持率は僅差ながら初めてトップになった。

選挙戦に起きた異変は、陳水扁の中国政策の処理に当然大きな影響を与えた。ただし、陳陣営は勢いづいてさらに意欲的な政策を打ち出したのではなく、逆に新味を極力抑え、発表済みの方針と政策を繰り返すにとどめたのである。包括的な中国政策パッケージは一一月一五日に発表された「中国政策白書」が最後であり、それ以後は「白書」の内容を具体化して補足したり、発表済みの施策案の実現性を強調することに徹した。例えば二〇〇〇年一月三〇日に発表した終盤戦で唯一比較的詳細な中国政策案であったいわゆる「陳七項」の内容は、以下の通りである。

一、善意による和解、積極的な協力、恒久和平という原則を堅持する。

二、台湾はすでに主権の独立した国家であるから、独立を宣言することも、国号を変更することも、「二国論」を憲法に盛り込むこともしない。

三、両岸関係の全面正常化を推進し、全方位的な相互行動システムを確立する。

四、〔中台対立の〕平和的な解決と待遇の平等を前提に、いかなる議題をも協議と対話の対象とする。

五、中国の現代化と民主化を助けるために、台湾は積極的な役割を演ずることを望む。

六、WTOのモデルに従って両岸が平等に国際社会に参画し、共存共栄を図る。

七、相互信頼と理解増進のために、両岸指導者の相互訪問を積極的に進める。

これらはほとんどが公表済みの政策であり、新しいのは第二項だけである。その第二項も方針や施策案ではなく、局外から選挙戦を動かす気のありそうな中国を意識して、今後とるべき穏和な態度をあらかじめ示したにすぎない。民進党の幹部も「陳七項を発表したのは、江沢民の八項目提案五周年〔一月三一日〕を機に、中国が何か仕掛けてくるかもしれないと思ったからだ」としていた。(1)

選挙戦終盤に来て勝ち目が出てきた陳陣営としては、中国政策のように本来不得手な政策分野でことさらに張り切って見せる必要はもはやなく、既定の政策の実効性を穏やかに説くだけで十分であった。もっとも、選挙を勝ちきるためには中国政策でもだめ押しがほしかったに違いない。投票日間近になって陳水扁支持を表明したノーベル賞科学者の李遠哲に、「海峡両岸問題で新政権のためにチエを出す後見人」の役を振って見せ、陳水扁が当選後は民進党の活動から身を引いて「全民政府の総統」に徹すると宣言したのも、選挙民を安堵させるためのいわゆる「安定カード」であった。政治的に中立な科学者として鄧小平に会ったこともある李遠哲には、いかにもいいアイデアを出しそうなイメージがあった。

中国の要人は、一月末に銭其琛副首相が「台独は戦争を意味する」と警告したのを手始めに、何度も露骨に口出しした。二月下旬に発表した「一つの中国の原則と台湾問題に関する白書」(「新台湾白書」)では、「武力行使を含むあらゆる果断な措置」をとるケースとして「台湾が統一交渉を無期限に拒絶し続けた場合」を付け加え、投票日の三日前には朱鎔基首相が「中国人は鮮血と生命をもって祖国の統一と民族の尊厳を守る」と、表情も険しく言い放った。

もう一歩で勝てるところまで来ていた陳陣営は、選挙の「隠れた当事者」中国の揺さぶりに多少も動揺したらしい。民進党穏健派の長老の一人・張俊宏《ちょうしゅんこう》は、中国の圧力をはね返すために「台独綱領」の廃棄を宣言する気はないかと、最終段階で陳水扁と党主席の林義雄《りんぎゆう》に打診したといわれる。陳陣営の内幕記録によれば、先に打診を受けた林義雄は、そのような宣言をしても効果は疑わしく、かえって民進党本来の支持者を失う恐れがあると言って反対した。そこで張は陳水扁にも会って説得した。陳ははっきり拒否しなかったが、勧めには結局応じなかったという[2]。

「台独」勢力にどのような態度をとるかは、陳水扁にとっては踏み絵のようなものである。彼は本土意識の強烈な台南の貧農の家に生まれた典型的な「台湾の子」ではあっても、無条件の台湾独立を唱えるイデオローグではなく、むしろ中産階級の保守的なメンタリティの持ち主である。一九九一年の「台独綱領」採択のさいも、急進派が提案したストレートな独立案に、「公民投票にかける」条件を付して修正したほどである。選挙戦中にも、訪米した時の記者会見で「中華民国」の国号を是認する発言をしたために、台湾に戻ってから台独勢力にその真意を詰問されたことがあった。選挙に勝つためには台独勢力の票も確保しておかねばならず、急進台独に懐疑的だった彼としてはつらいところであっただろう。

以上のように、「台独綱領」の読み替えをはじめとして選挙戦中に種々のきわどい曲折があり、内からも外からもさまざまなプレッシャーがかかったにもかかわらず、結局民進党は最後まで「台独綱領」に手を触れることなく、陳水扁を当選させ得た。それは、この綱領には歴史の波風で風化しないだけの生命力がまだあることを示すばかりでなく、台湾人本土意識の精神的柱石として、むしろ存在感を増していることの証左ではなかっただろうか。そうしたことを、民進党陣営は選挙戦を通じてずっしりと重く感じ取ったに違いない。

（1）「二〇〇〇年總統大選民進黨中國政策之研究」。『中國事務』二〇〇〇年第一期、一五ページで引用。
（2）『破曉——陳水扁勝選大策略』四五ページ。

二　試行錯誤の始まり

海図なき船出

民進党員でも党本部スタッフや立法委員クラスになると、中台問題にあまり関心がないという人物は実は大変少ない。活動家と称する党員に「両岸関係」を尋ねるような時には、かなり長時間、情熱的に持論をぶたれることを覚悟しなければならない。誰にも一家言があり、党の統一的な中国政策をまとめるような時には、執行部はいつも苦労した。

陳水扁が総統に当選し、その瞬間から彼の中国政策案は実行すべき政策になった。民進党がこれほど多岐にわたり、それなりに野心的な中国政策パッケージを持つのは、ついぞなかったことである。選挙期間中は陳水扁をともかくも当選させることが優先されたから、パッケージの中身に多少の異論があっても、党内でじっくり議論しているいとまなどはなく、陳水扁のブレーンが考案し参謀の手で方向付けされた政策が、そのまま党の政策になってしまったのである。泥縄と言えば泥縄だが、内部でいつまでももめ続けているよりは、かえってよかったかもしれない。

当面最大の問題は、民進党に中国政策運用の経験が全くないことである。とりあえず行政院の担当部門である大陸委員会や、中国との民間交流機関（実質では準公的機関）の海峡両岸交流基金会の幹部は最小限の異動にとどめ、ナンバー2以下のポストに民進党員や党に近い学者を送り込んで実務を勉強させている。経験とノウハウを持つ国民党から見れば、実行が可能かどうかさえ不明の政策を経験に乏しいスタッフの手で進めてゆくのは、頼りになる海図や航海士抜きで荒海に乗り出すのに似た冒険に見えたであろう。

国民党政権時代のことを思えばはるかに斬新な中国政策をひっさげて当選した陳水扁は、公約に盛り込まれた従来とは異なる施策案を採用してゆく余地もあり、その意味で形の上では選択肢は大幅に増えたはずである。それに、票を少しでも多く取るために心にもない妥協をする必要ももはやないのだから、「改革を目指す政権」にふさわしく、多少とも大胆な路線に踏み込んでゆくような選択も、考えられなくはなかった。しかし、実際に陳水扁がとりあえず選んだのは、選挙戦の中盤以降に顕著に表れた実務的で穏健な姿勢を、そのまま引き継ぐことであった。

当選から総統就任に至る時期の彼の発言は、むしろ保守的にさえなった。当選当夜のスピーチが、「台湾海峡の平和と安定のため、われわれは最大の善意と決心をもって、全方位的で建設的な意思疎通と対話を進めてゆきたい」など、数ヵ月間の選挙演説と全く同じ趣旨の繰り返しであったのは、やむをえないところであった。だが、「国家統一綱領を廃棄することはあり得ない」「将来向かうべき方向として、『邦連（国家連合）』の可能性を議論する余地がある」といったその後の発言は、陳水扁を熱心に支援した台独勢力などは裏切られたと感じるのではないかと、傍目にも心配になるほどであった。国家統一綱領は究極の中台統一をうたった国民党色べったりの将来図であるし、「邦連」（連邦 Federation より緩やかな国家連合 Confederation）は、選挙中に国民党候補の連戦が一時提起したこともある中台連合案であったからである。

陳水扁という人物は、最初から国民党寄りの保守政治家だったというわけではないから、これらはみな彼の置かれた政治環境に起因する戦術的な妥協、もしくは後退だと考えるほかないであろう。このころ、彼の心中にはいろいろな計算があったと思われる。

第一に、穏健路線は選挙戦後半の数ヵ月間唱え続けてきた中国政策の基調であるから、当選したからといって急に急進路線に転換するわけにもいかなかったのは当然である。第二に、彼の得票率は三九・三％にすぎず、議会でも与党は少数派だから、しばらくの間は「少数総統」として政局運営で野党の協力を得なければならない。ことに中国政策を一手に取り仕切ってきた国民党とは、このさい馬を合わせておくに限る。第三に、中国をはっきり敵に回してしまっては元も子もない。選挙戦終盤に民進党狙いの露骨な脅しをかけた中国の要人たちは、それが空振りに終わったので国内でまずい立場になっているだろうし、「台湾新指導者の言動を見守る」と称して警戒心を解いていないから、このさい刺激したくはない。第四に、新政権の無二の後ろ盾になるはずのアメリカを引きつけておく必要がある。ホワイトハウスは陳水扁という指導者をよく知らず、単純に「台独に突っ走る危険人物」と映っているに違いない。ならば、それが誤解であることを知らせておきたい。

就任前から新政権すべり出しにかけて、陳水扁がこうした諸々の状況を総合的に勘案しつつ慎重にことを進めねばならなかったことは、誰にも多かれ少なかれ理解できたから、この時期の彼の言動が激しい反発を受けるようなことは、実際にはあまりなかった。

考え抜かれた就任演説

五月二〇日の就任演説は、若干の疑念をいだき始めていた阿扁ファンをも、ひとまず納得させる内容と構成であった。当面は穏健実務路線でゆくことにしていた陳水扁にしても、それが単なる安全第一主義ではないことを、就任演説ではっきりうたっておく必要を感じていたであろう。

「台湾は立ち上がった——向上と上昇の新時代」と題した演説は、民主的手続による政権交代が実現したことの意味を強調し、改革に対する新政府のコミットメントを確認しつつ、演題にも示されているように濃密な台湾ナショナリズムを感じさせるような構成に仕立てられていた。中台関係と新政府の中国政策にふれたくだりは、全体の七分の一程度に過不足なく抑えられている。

その部分は、「戦争は自由、民主、人権を最も損なうものである」とさりげなく始まる。帝国主義の侵略を受けた中国と植民地統治を体験した台湾が、結果的に「長期間隔離されたために、明白に異なる政治制度と生活方式を発展させることになり、……それがゆえに対立の障壁がつくられることにもなった」と、中台が歴史的に必ずしも「一つの中国」として発展してきたわけではないことを、抜け目なく強調しておいてから、「いま冷戦は終わりを告げ、両岸においても旧時代から引き継がれた敵意と対立の時代を閉じる時が来た」とし、新政府の中台関係に関する基本的態度を以下のように簡潔にまとめている。

海峡両岸の人民は血縁、文化、歴史背景で淵源を同じくする。双方の指導者が十分な智慧と創意を発揮するなら、民主と対等の原則を維持し、既存の基礎の上に善意をもって協力の条件を築くことができ、未来において「一つの中国」の問題を共同で処理できるものと信じる。

中華民国第一〇代総統として、私は憲法を順守し、国家の主権と尊厳と安全を守り、全国民の福祉を確保せねばならない。したがって、中共〔中国を指す〕が台湾に武力を行使しない限りは、私の任期中には独立を宣言することも、国号を改めることも、「二国論」を憲法に盛り込むことも、現状変更のために公民投票で統独を諮ることも、さらには国家統一綱領と国家統一委員会を廃棄することもあり得ない。

このくだり前半によれば、「一つの中国」は中国側が言うような無条件の基本原則なのではなく、あくまで将来において中台が共同で処理すべき問題、言い換えれば、対話の議題として協議すべきことだというのである。「一つの中国」が原則であるという中国の主張を頭から拒否はせず、いずれ必ず円満に話し合いのつくことだという言い回しで、台湾の主張が明白に語られている。なかなか巧みなレトリックである。

「既存の基礎の上に」というのは、国民党時代の中台対話の中で得られた暗黙の了解はすべて引き継いで、ということであり、それが具体的にどのような了解であるかには、あえて触れなかった。常識的には、一九九三年の対話開始に先だち香港で前年に成立したことになっている「中台各自が『一つの中国』の意味をそれぞれ独自に解釈してよい」という合意、いわゆる「一個中国、各自表述」を意味するはずである。しかし民進党は「一つの中国」にも統一を目標とすることにも賛成ではなく、それは容易に譲れない党の方針である。だから了解の中身は故意にあいまいにして、「既存の基礎」とあっさり表現した。あちこちに配慮した苦心の工夫である。

後半では、一月末の「陳七項」の第二項、いわゆる「三不」をさらに「五不」に拡大した。それなりの譲歩はするから、中国も「武力行使を辞さない」などと言わずに、対話に応じてほしいという誘いである。それもこれも、新政府の真の狙いを表面に出さないままでの呼びかけであるから、単なる言葉の上だけの融和的姿勢だと解釈されかねない。そこで「智慧」や「創意」、とりわけ「善意」を強調することによって、新政府は真剣に対話に取り組もうとしているという姿勢を明らかにした。周到な組み立てと言うべきであろう。

これより二週間ほど前、陳水扁はアメリカ在台協会（代表部に相当）の幹部と会った席で、就任演説では内政改革を重点にするつもりだが、それは中台関係を軽視しているからではないし、中台問題を避けて通ることもできないだろうと予告している。その時の報道によれば、「私が屈服しない限り中共は満足しないだろうが、台湾が屈服することはあり得ない。ただ誠意と善意をもってあたるだけだ」と語ったという。さらに、中台問題のくだりでは「三つの原則」を踏まえるつもりだとも言っている。それは必ずアメリカの満足を得ること、国際社会に評価されること、それに、中国には不満足であっても陳水扁が挑発者だとかトラブルメーカーだとか言わせないことの三つことだ、というのである。(1)

演説の中台関係に言及したところには、アメリカの支持うんぬんの語句は全く見当たらないから、演説全体のトーンでアメリカをはじめとする国際社会に受け入れられるように工夫する、という意味だったのであろう。言い換えれば、中国への呼びかけにあたっては、アメリカの無言の影響力行使を期待してゆくということである。陳水扁は、これ以後の中台関係では常にアメリカ寄りに位置をとってゆくという基本方針が、新政権の第一歩において示されたと考えてよさそうである。

相当苦心して書かれたことを思わせる就任演説は、台湾世論に好意的に受け取られた。この直後に大陸委員会が民間に委託して行った世論調査では、「五不」方針への支持率は八九・六％の高率を記録し、演説が中国に「善意を示している」という評価が八三・二％であった。

（1）『中國時報』二〇〇〇年五月三日付。

「台湾の子」意識の構造

陳水扁が中国を相手にして台湾の「主権と尊厳と安全を守る」ためには、単に「智慧と創意を発揮」し、「善意をもって」臨むだけでは十分ではないことは、自明である。中国は中国なりの明快で説得力もある論理を持ち、交渉術にかけては名うての大国なのである。その大国に何とか対抗してゆこうという時に、新政権の最も有力な武器になるのは、陳水扁が民意の支持を得て総統になったという事実そのものであろう。新政権が台湾民衆の多数意思に支えられている限り、「一国二制度」方式の台湾統一を力で押しつけるのが困難なことは、中国も当然承知である。江沢民が一九九五年の八項目提案の第七項で「台湾各党派、各界人士がわれわれと両岸関係・平和統一について意見を交換することを歓迎する」ととくにうたったことを見ても、台湾の民意の変化に北京が着目していることがわかる。

陳水扁を総統の座に押し上げた「民意」をごく単純化すれば、台湾人意識だと言っても差し支えなかろう。彼が就任演説の結びで「フォルモサ〔台湾の別名〕の民はみな等しく『台湾の子』である。いかに困難な環境にあろうとも、台湾は至上の愛と無私の心を持つ母のように美しい夢をかなえてくれる」と言っているように、「台湾の子」アイデンティティーこそが新政権の最重要の拠りどころなのである。少々わき道にそれるが、大陸委員会が定期的に実施している意識調査の結果から、政権交代を

表2　民衆のアイデンティティー意識調査（抜粋）

年	1993.1	94.2	95.6	96.11	97.9	98.5	99.8	2000.4
台湾人である	16.7	29.0	27.9	24.9	36.9	30.5	44.8	42.5
中国人である	48.5	24.2	23.8	20.5	23.1	19.0	13.1	13.6
台湾人であると同時に中国人である	32.7	43.2	43.6	49.5	34.8	37.2	39.9	38.5

（出所：行政院大陸委員会の委託調査）

もたらした台湾人の意識動向を見ておきたい。

最も興味深い変化が見られるのは、「あなたは自分が何人だと思っていますか」という設問に対する答えである。回答には「台湾人」「中国人」「台湾人であると同時に中国人」の三つの選択が用意されている。**表2**に見る通り、最新調査（総統選挙後の二〇〇〇年四月）で最も多いのが「台湾人だと思っている」人で、四二・五％と半数近くを占める。最も少ない「中国人だと思う」は、「台湾人」の三分の一弱の一三・六％でしかない。大陸出身者である外省人は台湾の人口の一五％ほどだから、「中国人」意識を持つ人の割合とほぼ一致する。

「台湾人でありかつ中国人」と考えている人の割合は両者の中間だが、「台湾人」意識の方にかなり接近した割合である。外省人と本省人の人口比から推して、この大部分は戦前から台湾に住む本省人と考えられ、代々台湾に住んでいる人の中にも、自分たちは上海人や広東人とさほど違う存在ではないと思っている人が相当数いることを示している。台湾と中国とに重複した文化的帰属意識を持つこのような人たちは、この七年ほどの間に大きく増えても減ってもいない。

最も変化が大きいのは、「中国人」意識を持つ人の比率であり、七年間に実に三分の一以下に減った。彼らの比率が最も激しく落ち込んだの

表3　統一か独立かに関する民衆の指向調査（抜粋）

年	95.11	96.3	97.2	98.4	99.4	2000.2	2000.5
統一指向	25.8	18.3	26.7	20.9	17.3	21.4	23.2
独立志向	14.0	20.5	21.3	19.1	15.5	18.3	17.0
現状維持	44.7	50.7	45.9	55.2	54.5	54.5	58.9
独立＋現状維持	58.7	71.2	67.2	74.3	70.0	72.8	75.9

注：統一指向＝「できるだけ早く統一」＋「現状維持の後統一」
独立志向＝「できるだけ早く独立」＋「現状維持の後独立」
現状維持指向＝「永久に現状維持」＋「現状維持の後に決める」
（出所：行政院大陸委員会の委託調査）

は一九九三年からの一年間で、ちょうど半分ほどになった。この間には連戦が台湾人として初めて行政院長になり、中台間の非公式対話が始まり、外省人政党の新党が発足し、地方選挙の得票率で民進党が国民党と僅差に迫るといった出来事があった。どれもみな、帰属意識が「台湾」と「中国」とに分化するのを促すような事件である。自己認識の変化を起こしたのは疑いなく本省人であり、台湾化の進行によって彼らが台湾人意識に目覚め始めた様子がうかがわれる。ただし、二〇〇〇年総統選挙の前と後とではアイデンティティー認識に著しい変化は見られず、陳水扁という「台湾の子」の総統当選が触媒になってはじめて帰属意識が変わったという人は、ほとんどいなかったと考えられる。

次に、このような民族感覚の変化が中国問題に関する政治意識をどう変えたかを、**表3**で見てみよう。回答の選択肢はやや複雑で六つある。統一または独立を望む人の場合、それぞれ「できるだけ早く」「現状を維持した後」の二つから選ぶことができ、現状維持でよいという人では「現状を続けた後に決める」「永遠にこのまま」という二つの選択がある。煩雑を避けるために、表には統一、独立、現状維持の三つの指向に大別して示した。

表4　「一国二制度」に対する民衆の見解調査（抜粋）

年	91.1	92.6	93.8	94.2	95.3	97.2	98.4	99.10	2000.5
賛　成	7.7	4.4	5.2	4.1	7.8	6.5	8.5	8.5	12.2
反　対	74.1	68.5	80.3	73.8	84.5	76.0	81.2	75.0	83.7

（出所：行政院大陸委員会の委託調査）

この五年たらずの間に大きな変動は見られないが、全体として統一指向の人が少しずつ減少、独立指向は統一派より少数であるが少しずつ増加、そのどちらでもない現状維持派が着実に増えている。ただし、この数字をもって、台湾独立があまり支持を得ていないとは必ずしも言えない。現状維持を望むという人は、「すでに独立状態の現状」が当分続くことがよいと考える人が大部分を占めると考えられるからである。つまり、実質的な独立派には、「独立宣言」をよしとする急進グループと、すでに独立状態なのだからそうまでする必要はないとする穏健グループとがあるということである。

広い意味での独立支持がどのくらいの割合になるかを見るために、表の最下段に独立指向と現状維持指向のトータルを示した。それで見ると、急進・穏健合わせた独立派は統一派のほぼ三倍であり、しかもかなりのスピードで増加していることがわかる。民進党が主たるターゲットにしているのは、実は現状が当分続くことを願う穏健独立派にほかならない。選挙終盤の二〇〇〇年一月に発表された「陳七項」の第二項で、「台湾はすでに主権の独立した国家である」としているのもそのためである。ただし、統一派が外省人の占める人口比率をかなり大きく上回った割合になっている事実にも、注意しておかねばならない。

このような政治意識が、「一国二制度」を掲げる中国に相対した時にどのような態度になって表れるかを示したのが、**表4**である。一見してわかる通り、中台問題の解決方式として「一国二制度」に「賛成」の人はきわめて少なく、圧倒的多数が「反対」を表明している。しかもこの「反対」の比率は、**表3**の最下段に示した広い意味での独立指向派の比率をほとんど常に上回っている。「賛成」の割合は統一指向の割合をはるかに下回っており、二〇〇〇年五月時点での両者の差約一〇％分は、中国との統一は望ましいが、統一の方式が「一国二制度」では困ると思っている人たちだということである。

三種の表に示された数字の中で、総統選挙の前と後とでかなり顕著な変化が見られるのは、この「一国二制度」への不賛成率だけである。選挙の規模が大きくなるほど中台関係が焦点になりやすく、中国の選挙に対する関心もそれだけ高かったが、中国が「一国二制度」による統一を迫れば迫るほど、台湾人の反発を受けることが、**表3**と**表4**の比較によって裏づけられていると言えるであろう。ただし、**表4**の調査の設問が「一つの中国」への考えを問うのでなく、「一国二制度」への賛否という具体的な問いになっている点は、割り引いておかねばなるまい。統一の方式が具体的になればなるほど、「もっと他によい方式がありはしまいか」と考え、そのために統一に消極的になるのが、台湾人の通常の心理であろうからである。統一の方式に関する設問がもっと漠然としていれば、統一に賛成する人はたぶんもっと多かったであろう。

阿扁は変節したのか

「台湾の子」意識の体現者、腐敗社会改革の旗手というイメージを背負って総統になった陳水扁は、就任の第一歩ですでに、「前政権とは根本的に違う何か」をやって見せるべく運命づけられていたようなものであった。あふれるような台湾ナショナリズムを謳い上げた就任演説は、そうした期待をひとまず満足させ、「阿扁の全民政府」の滑り出しはなかなか好調であった。世論調査で信じ難いほど高い支持率を記録しただけでなく、アメリカの反応も良く、辛口で鳴るシンガポール元首相のリー・クアンユーでさえ、「陳水扁は李登輝よりも現実的でバランスがとれている」と、好意的にコメントしたくらいである。(1)

外国でも評判が良かったということは、就任演説の中の中台問題にふれたさほど長くもないくだりが評価されたということである。意地悪く見れば、そうした高い評価は、就任前の中国政策に関する彼の言動に、疑念や危惧をいだかせるところがあったことの反動でもあった。だが神経質な目で見た場合、就任演説には少なくとも一箇所、なお懸念が拭えない部分があった。それは「一つの中国」問題が実際にどう処理されるのか、という点である。「未来において共同で処理する」ことでとりあえずはいいとしても、中国やアメリカの態度次第、陳水扁の穏健実務路線の運用次第で、ある時突然、あるいは知らず知らずのうちに、中国寄りに軌道が修正されてしまうのではないかと、ことに台湾本土意識の強烈な南部のナショナリストたちは心配した。

そうした心配が決して杞憂ではないことを思わせるような「事件」が、就任一ヵ月を過ぎてから起きた。六月二七日、アメリカのアジア財団の学者グループと会った陳水扁が、「新政府は〔台湾の〕海峡交流基金会と〔中国の〕海峡両岸関係協会がこれまでの会談で得たコンセンサス、すなわち『一個中国、各自表述』を受け入れることを願っている」と述べたという一件である。

この「コンセンサス」は、中国と台湾が民間対話の形で（実質的には準公式レベルで）一九九三年にシンガポールで対話を始めるにあたっての前提として、前年九二年に香港で成立したとされる双方の基本的姿勢にあたるものである。その経緯は複雑かつ微妙で、コンセンサスの有無についても内容についても中台間に食い違いがある。かいつまんで言えば、中国が「一つの中国」を対話開始の必須条件にすることを主張したのに対して、台湾がそれを拒み、代案として「双方がそれぞれの原則を口頭で述べ合う（「各自表述」）ことにしよう」という案を出し、それに中国が応じたというのが大雑把な経緯である。中国は、台湾側の申し出を尊重し受け入れる旨を電話で応答しただけだったことが確認されており、あいまいな口約束のようなものであった。

陳水扁の「コンセンサス受け入れ」発言が、台湾人ナショナリストにとって捨てておけない重大事であるのは、最悪の場合「一つの中国」の原則を受け入れてしまう第一歩になる恐れがあり、少なくとも国民党版の中台統一路線を引き継がされる可能性を開くからである。中国の解釈では、「各自表述」のコンセンサスなどはもともとなかったのであり、「一つの中国」の実現を対話の前提とすることで話がついていたはずだということになる。そのような前提はなかったとするのが国民党の解釈であるが、しかし国民党は一九九一年三月に自党が提唱して採択された「国家統一綱領」に従い、表向きは統一を目指すという看板はおろしていない。民進党の立場はどちらとも根本的に異なり、一九九九年五月に採択された「台湾の前途に関する決議」にうたっている通り、「台湾は主権の独立した国家」であり、『一つの中国』の原則は台湾には根本的に適用できない」とする。

台湾人意識の強い人たちにとっては、そもそも「一つの中国」はその種の理屈ではない。ものわかり良く応対することさえ避けるべき悪しき反台湾人的概念なのである。中国に向かって「表述」すべきなのは、国民党のような独自の統一プログラムではなく、自立と対等と尊厳の主張のほかにはない。自分たちが押し立てて総統にした陳水扁には、「一個中国、各自表述」を成立済みのコンセンサスだとか、それを受け入れたいなどとは、間違っても言ってもらっては困るのである。

陳水扁発言が支持者にショックを与えたのは言うまでもない。「台湾が『一つの中国』に屈服」といった見出し[2]で外国の新聞にも大々的に報道されたことを知った南部の民進党議員が、陳水扁の真意をただすために総統府にそろって押し掛け、台北市民の話では、民進党びいきの一般市民の間に「阿扁はやっぱりただのオポチュニストだったのか」という批判が少なからず聞かれたという。長年民進党のシンパだったベテラン・ジャーナリストが、「阿扁は何か言い間違えたのだろう」と言っていたように、多少とも政治の世界に通じた人たちの間では、中国問題に経験のない陳水扁が何か融和的なことを言おうとして、つい口をすべらせたのではないかという解釈が、かなり広くあったようである。

七月に総統府と大陸委員会の高官から筆者が聞いた限りでは、実はこの一件は、プレス向け発表のさいに、陳水扁が言っていないことまで挿入して発表されたために起きた単純ミスであったという。大陸委員会副主任（次官）の陳明通によれば、発表原稿を書いた担当官が、「国民党時代からの決まりきった表現」を注釈のつもりで書き足したのが騒ぎの原因であり、陳水扁が責任を負うべきことではないということであった。彼はプレス発表原文の問題の箇所を筆者に指で示し、「ここからここまでは実際の総統の発言ではない」と、詳細に説明してくれた。

単純ミスなら訂正を出せばよさそうなものだが、部内の些細な事情まで逐一説明する必要はないという判断であったのか。当時国家安全会議副秘書長だった邱義仁を筆者が総統府内のオフィスに訪ね、この一件について発言の真意などを質問した時、彼は「総統が言うコンセンサスとは、『一つの中国』について『合意はなかったという合意』のことだ。それは国民党の認識とは異なるもので、総統の認識の方が正しいと思う」と説明しただけで、事務的なミスがあったようなことは何も言わなかった。真相はあくまで不明である。

（1）香港『ファー・イースタン・エコノミック・レビュー』誌二〇〇〇年六月八日号。
（2）米『インターナショナル・ヘラルド・トリビューン』紙二〇〇〇年六月二九日付。

急進路線への傾斜

実際には言わなかったことまであげつらわれたとしたら、陳水扁にとっては不運としか言いようがないのだが、この一件がアクシデントだったとしても、陳水扁に対する漠然とした期待感や、その裏返しとも言うべき猜疑に起因する彼へのプレッシャーが、相当なものであったことは想像できる。中台問題の専門家である台湾・淡江大学アメリカ研究所教授の陳一新《ちんいっしん》は、陳水扁が中台関係について何か言うたびに、こまかいニュアンスにわたって「一つの中国」との関連性を問うのはフェアではないと指摘し、「内外のマスコミが〔新政府の中国政策で〕ことあるごとに騒ぎ立てるのは『過剰反応』だと言われても仕方がない」と、彼に同情的なコメントを新聞に書いている。(1)

総統就任から二ヵ月目ころの陳水扁は、前章にふれたように内政面に種々の問題をかかえるようになっていた。そのこともあり、就任演説で述べた中国政策を少しずつ具体化することによって、期待と猜疑からくる圧迫を突破したがっていたように見える。彼のパートナーになって副総統に当選した呂秀蓮《りょしゅうれん》が、就任の前から中国問題で刺激的な発言を繰り返し、このころ京劇の役回りになぞらえて「呂秀蓮が黒い顔〔悪玉役〕なら陳水扁が白い顔〔善玉役〕でいけばいいじゃないの」と憎まれ口をたたいてかえって喝采を浴びたことも、陳水扁にはこたえたのではないか。小学校時代から大学まで優等生で通し、政治家になって以後も「乖乖牌《グァイグァイパイ》（いい子ちゃん）」のイメージから抜けきれなかった彼としては、その種の当てこすりに応えて見せる必要もあった。

七月末以降の陳水扁は、中国政策でそれまでの低姿勢をかなぐり捨て、中国に向けた強硬な発言が目立つようになった。七月三一日の就任後二回目の記者会見では、彼に対する風当たりが強まっていることにわざわざふれながら、次のように言っている。

> われわれは譲歩し過ぎているとよく言われる。十分に誠意も示したのに、中共は善意で応えていないのだから、これ以上譲歩すべきではないとも言われた。……これまで無意味な言葉の遊戯に時間を費やし過ぎたと思う。中共当局に対し……既存の基礎に立ち、九二年の精神を踏まえて両岸の良好な相互行動を共同で打ち立てることを、再度呼びかけたい。
>
> いわゆる「九二年精神」とは、「対話、交流、対立する議論の据え置き」を意味することは言うまでもない。対話があってはじめて交流があり、交流があってこそコンセンサスが得られるのであり、コンセンサスが得られない場合は、争論をしばらく棚上げしておくべきだと考える。

いらだちのほどがよくわかる発言ではあるが、「九二年精神」という新しいキャッチフレーズに込められた内容には、ほとんど新味がない。これではパンチに欠けると思ったのか、それから二〇日ほど経った八月中旬に外遊先のドミニカ共和国で開いた記者会見で、「中国に強いことも言える阿扁」のイメージを、次のように描いて見せた。

いくつかの政党や何人かの人たちが言っている。統一こそが両岸が到達すべき唯一の結論であって、他に選択はないのか、と。……両岸の問題を解決するにあたっては、台湾人民の同意を経ねばならず、台湾人民の意志と願望に符合しなければならない。ならば、台湾人民の意志と願望とは何なのか。統一が唯一最終の結論なのか。もっと討論する余地がなければならない。

「もっと討論すべきこと」という形にはしているが、真意は「統一だけが台湾にとって将来唯一の選択ではない」と強調するところにあることは明らかである。これだと、例えば独立をも含む「統一以外の選択肢」が十分あり得ることを示唆したとも解釈できるから、かなり挑発的であるし、とりようによっては、「一国二制度に反対である」と言うよりも、もっと調子の強い統一拒否である。さらにしばらく後の九月初めの『ニューヨーク・タイムズ』とのインタビューでは、もっと強硬なことを言っている。台湾の新聞の転電によれば、次のように語ったという。

国民党政府は、台湾にとって将来唯一可能な終着点、両岸関係を解決し得る無二の方策として、統一を設定した。このような処理方式は、民意にもとるものである。台湾二三〇〇万人民の大多数は、中共現政権との統一に反対しており、少なくとも北京があれこれ並べる統一条件を人民が受け入れることはあり得ない(2)。

就任演説が中国に融和的で、どちらかといえば下手に出て対話に引き込もうとしている態度なのと比べれば、これは大きな違いである。一体何が陳水扁をここまで「急進的」にしたのか。少なくとも、中国が台湾の新政権に急に高飛車になったからではない。北京は、選挙の最終盤で陳水扁を応援した実業家が経営する企業の中国ビジネスに、いろいろな手を使って制限を加えたり、台湾から遠くない南京軍区でこれ見よがしの軍事演習をしたり、公式メディアが「台湾の新しい指導者」を折に触れて批判したりはしているし、副総統になった呂秀蓮の刺激的すぎる種々の発言に対しては、就任前から「恥知らずの漢奸」といった激しい非難を浴びせたりもしている。しかし「新指導者の言動を見守る」という最初からの態度はほとんど変わっておらず、新政権の提案を頭から拒否したこともない。ただ誘いに乗ってこないというだけである。

一般の台湾人、ことに民進党を支持してきた人たちは、陳水扁が中国問題で何か目新しいことをするかもしれないと期待はしていたにしても、就任早々から次々に華々しい成果を挙げるとはもともと思ってはおらず、本来不得意な分野だからじっくりやればいいくらいに考えていたようである。李登輝に近い企業経営者は「必要がなければ何も目立つことを言うことはない。前任の総統とは経験の差があるのだから」と言っていたし、国民党の元幹部は「中国には陳水扁が発する種々のメッセージの意味が理解できないのではないか。混乱したメッセージには応えようもないために、黙っているだけなのだろう」と、中国の沈黙の理由を推測していた。

そうだとすれば、陳水扁は一見すると中国に以前よりも激しい言葉を使って熱心に対話の呼びかけをしているように見えるが、彼が実際に意識しているのは実は中国なのではなく、彼と新政権に有形無形の圧力をかけてくる台湾内部の諸勢力以外にない、ということになる。言い換えれば、彼は一人相撲に近いことをしたということになる。ただしそれだと、かえって中国の意図を読めなくなる恐れがある。九月下旬に陳水扁と台北で会ったシンガポールのリー・クアンユーは、帰国後に台湾の新聞の書面インタビューに答えて、次のような観察を述べている。

> 陳水扁の就任演説はよくバランスがとれていて、〔中台間の〕緊張の緩和に役立つのではないかと思った。ところが彼はその後立場を修正し、最近では「統一が唯一の選択ではない」と言っている。就任演説で一九九二年のコンセンサスを拒否しなかったにもかかわらず、後には「精神」だとか「コンセンサス」はなかったとか、違うことを言うようになった。これは台湾の親独立派からの圧力を感じたためではないか。(3)

（1）『中國時報』二〇〇〇年七月三日付インターネット版。
（2）『中國時報』二〇〇〇年九月三日付インターネット版ニューヨーク電。
（3）『中國時報』二〇〇〇年一〇月一日付インターネット版。

三　「冷たい平和」が終わる時

「三通」への道を探る

陳水扁政権の中国政策がどのような方向に進むことになるのか、政権発足から半年の段階では明白には読み取りにくい。一〇月危機を経た後も新政権そのものが安定せず、野党陣営から総統罷免の要求さえ飛び出す有様では、中国政策についてもこの先さらに起伏があると予測せざるを得ない。一〇月末に再発した政治不安のさ中に民進党離党を公表した元党主席の施明徳は、記者会見で新政府による原発問題処理の拙劣さを批判した後、「このような陳水扁のやり方を、中国政府もじっくり観察しているだろう。両岸間のやりとりで同様の手法をとるようなら〔台湾に〕不利な影響が出ないはずがない」と警告した(1)。

すでに記した通り、与党・民進党と新政府は国民党時代とは根本的に異なるアプローチを試みることによって、中台関係に新局面を切り開こうとしている。台湾人の本土意識を体現する形で登場した新政権にとっては、中国に新しい働きかけをすること自体が政権の存在意義なのであり、新政権の支持者たちが実際には具体的な成果を必ずしも期待しているわけではないという意味では、試みの成否は当面二の次であってもよいのである。あるコラムニストによれば、「李登輝には中国に対する戦略も術策もあったが、北京からは『隠れ台独』の烙印を押されて憎まれ、ワシントンにも『何をやり出すかわからない危険な政治家』と疎まれた。陳水扁は徒手空拳で中国に立ち向かわざるを得ないにしても、李登輝の負の遺産を引き継ぐ必要は全くないし、ある程度の試行錯誤も許されるだろう」。

この章の初めに陳水扁の「中国政策白書」に関するくだりでふれた通り、彼の中国政策の基本的発想は、リスク管理と経済的利益の追求を平行させることであった。言い換えれば、経済の実利関係の網の目の中に中国をからめ取ることによって、政治対立のリスクを逓減してゆこうということである。したたかな中国がそのような策略にうかうかと乗ってくるとも思えないが、こうした手法は少なくとも実務家肌の陳水扁向きではある。

そうした発想を反映して、経済関係に関する限り陳水扁と新政府は、国民党時代の慎重な態度とは対照的に、大胆なほどに開放的な態度を鮮明にしてきた。例えば「経済貿易の協力関係を発展させる」と題した「中国政策白書」の第三章は、次のように始まっている。

台湾と中国の関係を全面的に正常化させるという目標のもとで、われわれは両岸の経済貿易関係において従来よりも開放的な態度を採用することとしたい。また北京政府が両岸の共栄共利に着目し、主権の争いのために関係の発展を阻害しないことを希望する。(2)

総統就任演説には経済関係にとくに言及したくだりはなかったが、就任一ヵ月後の記者会見では、記者団の質問に答える形で、いわゆる「三通」(中国との直接の通商、通航、通信)、「小三通」(金門、馬祖島と中国沿海との三通)の問題にまで踏み込み、中国に対して協議の開始を次のように呼びかけている。

三通問題については、再三説明してきたように、国家の安全が確保できるという大前提のもとで、市場の法則に従い……全面的に検討し推進してゆきたい。就任演説で三通問題にふれなかったのは、両岸の間に話し合いがなく、接触も対話も協議もなければ、「小三通」も、ましてや「大三通」〔全面的な三通〕もあり得ないと承知していたからだ。……最大の誠意をもって最大限の努力をすることが個人としての願いであり、海峡両岸の指導者が知恵と創意と責任感を発揮して両岸協議の大門を開くべく、手を携えて努力を続けることを希望している。

ここにはっきり表れているのは、中国がかねて台湾に呼びかけてきた「三通」の誘いにあえて乗り、その実務協議を突破口にして中台間の対話を何とか軌道に乗せようという態度である。中台がともにWTOに加盟するのはすでに時間の問題なのだから、中台間の貿易や投資に厳しい制限を課し続けるのはもはや困難であろうという判断でもあった。

現実問題としては、「三通」は台湾にとって大きなリスクを伴う。台湾経済界が中国という大市場の魅力に抗しきれず、経済関係をある程度以上深めてしまったら、台湾経済はやがて中国なしには成り立たなくなり、経済的に自立性を失った台湾は、政治的に中国に呑み込まれてしまう恐れがあるからである。国民党政権が「戒急用忍」(急がず、忍耐強く)の方針に従い中国への投資を制限し、「三通」を拒み続けた理由はそこにあったし、中国が執拗に「三通」を求めてきたのも、政治力や軍事力で台湾を屈服させるよりも、経済で切り崩す方が得策と見たためであった。

民進党の手法は、台湾がかかえる本質的な弱点を逆手にとり、経済の自由化というもはや避け難い国際的潮流を先取りして中国の懐に飛び込み、でき得れば対等な中台関係を固定してしまおうというものである。ただし、このような捨て身の手法で「台湾の安全が確保できるという大前提」が成り立つのかどうかは、保証の限りではない。その肝心の点については、民進党や新政府の内部にもなお異論がある。例えば陳水扁の台北市長時代に副市長をつとめ、新政府で中央銀行副総裁に就任した陳《ちん》師孟《しもう》は、野党議員に対する説明会の席上、次のような見解を明らかにしている。

台湾の産業は電子部門に過度に集中し、建設部門の不振が続いているばかりでなく、中国大陸の経済〔発展〕が台湾経済の空洞化をもたらし、台湾の資源は徐々に蝕まれつつある。このような状況で「戒急用忍」政策をやめてしまったら、産業が大陸に殺到するのを政府も押しとどめられなくなり、遠からず産業と金融の危機を招来する可能性がある。(3)

この種の懸念は杞憂とも言い切れない。新政権が中台経済関係の強化に積極的になることを見込んで、台湾企業の大陸向け投資が現実に急増し始めているからである。経済部（通産省に相当）統計によれば、新政府が発足した二〇〇〇年五月から九月までの中国向け投資は、前年同期比で八三％も増加し、通年では前年の倍以上になる見込みである。新政府の対中国開放策がさらに進めば、産業界の中国ブームが一層熱を帯びることは疑いない。

皮肉なことに、台湾が政権交代を境に「三通」に対して消極的態度から積極策に転じたのと正反対に、中国は積極的態度を消極策に後退させた。台湾新政権の誘いにうっかり乗ると、実務関係だけが先行して中台の対等な関係が既成事実になり、「一つの中国」の政治原則が無期限に棚上げされてしまうことを恐れているのであろう。あるいは、新政権の真意が読み切れないので、とりあえず動かずに様子を見ようという判断であったかもしれない。少なくとも台湾側が言うように、「中国には真剣に対話しようとする誠意がない」ためだけではなかったはずである。

「三通」が相互関係である以上、どちらか一方にその気がなければ前進は難しい。中国に当面応じる気配がないのを見て、台湾新政権は台湾が支配する大陸沿岸の金門、馬祖島と中国沿海地方との「小三通」から手をつける方向に、方針を微調整した。二〇〇〇年六月に新政権が示した時間表では、九月ころまでに「小三通」に関する問題点を整理し、一二月までには実施計画を完成させ、二〇〇一年元旦から実施という手順になるはずである。九月には直航に使われる台湾側の港を指定し、中国からの渡航受け入れは両島合計八〇〇人とするといった細目まで決めて、一一月段階でなお中国からの応答を待っている。

本格的な「三通」ならともかく、「小三通」は中国にとってさほどメリットがないというのが常識論である。沿海地方だけの小規模な交易では廈門《アモイ》、福州など大都市への経済面での刺激効果は期待できないし、密輸入や台湾人による不動産の買い占めが増える恐れがある。これまでも海上での商品の受け渡しが半ば公然と行なわれ、中国側沿海の小商人は事実上の「小三通」でそれなりに満足していた。むしろ、象徴的な直航を許容することによる政治的なマイナスの方が無視できない。

その後の香港紙の報道では、中国の朱鎔基首相が「直接通航はないよりある方がよい」と発言し、中国版の「小三通」案を策定するよう関係部署に指示したという。[4] 慎重一本槍だった中国側にも、状況の把握が進むにつれて徐々に変化が出てくる可能性はある。

(1)『中國時報』二〇〇〇年一一月一五日付インターネット版。
(2)『陳水扁國家藍圖一　國家安全』三〇ページ。
(3)『中國時報』二〇〇〇年一一月一六日付インターネット版。
(4)『中國時報』二〇〇〇年一一月一四日付インターネット版が転電した香港『明報』紙報道。

〈追記〉「小三通」は二〇〇一年元旦から予定通り解禁され、中台間で初めての合法的な直接通航が、台湾側からの一方通行の形で実現した。直航船が実際に運行したのは一月二日であり、金門県の陳水在県長ら約二〇〇人の代表団員が乗った「太武号」が金門の料羅港から廈門の和平埠頭に着岸、馬祖島の福澳港からも、福建省湄州にある媽祖（台湾で信者が多い民間宗教の女仙人）の大本山にあたる廟に参詣する五〇〇人が、福州の馬尾港に到着した。中国側では地元当局者らが出迎え、形式的な交流行事が催されたが、復路の船で台湾側に渡った中国人はいなかった。
台湾側が一二月一三日に発表した「小三通」に関する実施規則（有効一年、延長可能）では、許可制によって船舶や漁船の往来、商行為が認められ、中国側からの渡航も審査のうえ許可されることになっている。中国側は一方的来航は認めるものの、「真の三通とはほど遠い」ことを理由に、当面「相手にせず、回答せず、拒絶しない」態度をとっている。

内部コンセンサスを求めて

有力な国際的支援が得にくく、政権基盤も脆弱な陳水扁にとって望ましいのは、中国政策に関して野党陣営をも含むできる限り強固な内部コンセンサスを得ることである。彼が幾多の困難を覚悟の上で「両岸超党派グループ（両岸跨党派小組）」なる総統の諮問機関を組織したのは、そうした意図によるものであった。李登輝は一九九〇年に民進党員の個人的協力をも得て国家統一委員会を組織し、国民党主導で「国是」にあたる国家統一綱領というコンセンサス文書をまとめた。陳水扁はそれをひな形にしたのである。

「超党派グループ」には与野党と学界、経済界などから合計二五人がメンバーに委嘱され、座長にはノーベル賞科学者で陳水扁当選の立て役者だった李遠哲が、事前の筋書き通り指名された。新政権発足から半年の段階では、陳水扁と民進党を盛り立てるための「飾りもの」と受け取られて野党の十分な協力が得られず、仮にこのグループが何らかの文書をまとめても、それがそのまま有効なコンセンサスと認められそうな状況ではない。

野党三党の反応はまちまちで、国民党は李登輝に近い三人が個人の資格で参加、宋楚瑜の親民党は不参加、新党は最初委嘱に応じたが、一〇月末に政府が第四号原発建設中止を強行しようとしたのに抗議して参加を取り消した。野党は、その後立法院に立法院長を座長とする「両岸事務対策グループ」というよく似た名称の組織を発足させ、「新政府が中台関係で誤りを犯さないように監視する」と称して、陳水扁主導の「超党派グループ」に対抗する態度を露骨に見せている。李登輝のような政治的手腕に欠ける陳水扁は、李遠哲の声望を借りて何とか恰好をつけようとしたのだが、当面やや目論見はずれの形になっている。

野党が新機関に冷淡な態度をとるのは、新政府が国家統一委員会という既成機関や国家統一綱領という既成のコンセンサスを無視して、中国を著しく刺激するような方針を強引に仕立て上げてしまうのではないかという疑念があるからである。陳水扁は、新機関も統一委員会もともに総統の諮問機関であり、旧機関を廃止するのではなく両立させるのだと再三強調してきた。だが議会で多数を占める野党の対抗意識と不信感が解ける気配はなく、新政府は中国という本来の相手とやり合う前に、内部の抵抗を突き破ることにエネルギーを費やさねばならなくなっている。

もっとも、「超党派グループ」が野党陣営の抵抗を受けることは、新政権も覚悟していたであろう。国家統一委員会が設けられた時も、野党だった民進党は党としては非協力、個人参加ならば黙認の態度をとった。委員会が採択した統一綱領にも民進党は一貫して否定的態度だったにもかかわらず、陳水扁が就任演説で「国家統一綱領は廃棄しない」と明言したように、結局なし崩しに認知した。党派色がどうしても濃厚にならざるを得ないこの種の機関は、最初から目論見通りの役割を果たすことはもともと期待できないのであり、少なくとも発足の当初は、一種のフォーラムとして機能すればそれでよいと割り切るべき種類のものであろう。

「グループ」の議論の進行ペースは、予定されていたよりもむしろはるかに速い。会合は三ヵ月に一回、当面の結論を出すのは一年先ということであったのに、二〇〇〇年九月二日の初顔合わせから一一月半ばまでに、すでに六回の会合を開いた。この間に、『一つの中国』専門グループ」という一一人からなる下部機構が新設されている。

報道による限りでは、座長をつとめる李遠哲の方針は、時間をかけてゆっくり議論を煮詰めてゆくのではなく、具体的な問題で個別に結論をまとめ、順次総統に意見として具申しようということのようである。すでに議論にのぼった問題の中には、国家統一委員会の機能や、「一つの中国」に対する態度などが含まれている。後者に関しては、将来の目標としての「一つの中国」案、分治状態を中台が確認し合おうという「一つの中国」案、「一つの中国」の意味を歴史的・地理的・文化的概念として広くとる案という三案をめぐり、議論が煮詰まりつつあるという。(1)

李遠哲が予測以上に結論を急いだのは、中台対話の断絶状態が長引けば長引くほど、状況は台湾に不利になるという状況判断があるからであるらしい。一一月の第五回会合の席上でも彼は「時間はわれわれの味方ではない。二〇〇一年春でもなお両岸関係の膠着状態が続けば、台湾は不利になる」と発言し、打開案の案出を急ぐよう促したという。(2)

「超党派グループ」の議論の煮詰まり具合から推せば、中国問題に関する当面のコンセンサスは案外早いうちにまとまるかもしれない。民進党が主導する機関のコンセンサスであっても、国民党員など野党や中立の立場のメンバーの同意を得ねばならないから、中国にも受け入れられる余地のあるかなり穏健なものになると考えるのが常識であろう。

李遠哲は「超党派グループ」の第一回会合のスピーチで、「台湾二三〇〇万人民の国際的尊厳と根本的利益を尊重するという前提に立ち、われわれは一九九二年の『一つの中国の原則を〔中台〕各自が口頭で述べ合う方式』のコンセンサスに立ち返らなければならない」と述べた。六月末に陳水扁が全く同じ発言をしたとして問題になった後だったので、政府スポークスマンが翌日わざわざ「あれはあくまでも李遠哲の個人的見解に過ぎない」とコメントを加えた。彼の発言が政治的影響に無関心な学者の失言にすぎなかったのか、それとも何らかの意図がこもったものであったのか。「超党派グループ」の座長という彼の立場を考え合わせれば意味深長ではある。

（1）『中國時報』二〇〇〇年一一月一四日付インターネット版。
（2）『中國時報』二〇〇〇年一一月一三日付インターネット版。

〈追記〉「超党派グループ」は、二〇〇〇年一一月二六日に開かれた第七回会議で、「三つの認識、四つの建議」という当面のコンセンサスをまとめ、陳水扁総統に提出した。

「三つの認識」の骨子は①両岸の現状は歴史プロセスの結果である②中華民国と中華人民共和国は互いに従属せず、他方を代表しない③国家は人民の安全と福祉を保証することを目的とする、というもの。「四つの建議」の骨子は①中華民国憲法に基づいて両岸の争論を処理し、中国が唱える「一つの中国」の主張に応えてゆく②既存および新設の機構により、国家の発展と両岸関係に関して意見をまとめる③武力行使の放棄、平和的協議、双方が満足できる局面の創出などを中国に呼びかける④台湾が国際社会に貢献し、誠意と忍耐で両岸の新しい関係を樹立することを、世界に向けて宣言する、というものである。

「一つの中国」については、中国側の従来の主張は認めないが、中台双方が別個の国家主権を持つとする憲法の枠内でなら議論に応じる、という趣旨である。中国は、一二月三〇日に政府台湾弁公室が「無内容のホラであり、言葉の遊戯だ。中国が『一つの中国』の原則を変更することはあり得ない」と強い言葉で拒否を表明し、台湾の野党も、「両岸情勢が楽観を許さないことを知るべきだ」（国民党）などとし、きわめて批判的である。新コンセンサスは民進党の理念に近く、陳水扁の就任演説とほぼ同趣旨であり、内容の点でも内外の反応からしても、国家統一綱領に代わり台湾の基本路線になるようには思われない。

時はいずれの味方か

二〇〇〇年総統選挙で民進党候補者が当選したことは、中国にとってきわめて望ましくない事態であったのは言うまでもない。「中国との統一」を脳裏に描くことさえも忌み嫌うような台湾人を代表する人物が台湾の指導者になったら、中華民族の念願であるはずの「祖国統一」がいつ実現するのか、見当がつかなくなってしまうのである。だが、中国にとっての悪夢が現実になってしまったいま、中台関係は破滅に向かって直進するしかなくなったわけでもない。中国としては台湾に出現した新しい現実を直視するほかないし、また新政権は中国に対して思いのほか和解的で、対話の再開と経済関係の拡大に積極的でもある。民進党政権の誕生は中台関係にとって危機の可能性のみを意味するのではなく、転機と再出発の可能性をも秘めているのである。

初めての台湾人総統・李登輝の一二年間は、結果的にはこれから本格的に始まる中台新時代の準備期間であったと言えるかもしれない。台湾の政治学者で民進党員でもある郭正亮は、「二国論」をめぐって中台が激しくやり合った李登輝時代の末期と、当面中台がにらみ合ったままで始まった陳水扁時代を比較して、次のように書いている。

二国論から新政府〔の誕生〕まで、両岸〔関係〕は一見したところ同じような閉塞状態に見えるが、実は同じではない。二国論は冷戦を引き起こし、新政府は冷和〔冷たい平和の意味〕に向き合うことになったのである。性格の異なる二つの閉塞状態には異なる処方が必要であろう。……
新政府が閉塞状況に直面するに至った根本原因は、台湾本土〔意識〕に根ざす政権が、既存の両岸関係の枠組みに挑戦を試みようとしている点にある。冷たい平和という閉塞状態が生み出されたのは、双方ともに自制し、当面待ちの姿勢をとってきたからである。どちらにも退路は用意さ

2G

客注

政　治　　客注専用短冊

冊数　1冊

中台関係と日本

東アジアの火薬庫

ISBN978-4-89434-220-0 C0033 ¥2200E

1872280030000073

藤原書店

丸山勝

B10211213l8B

本体　2200円

受注No.121318
受注日25年10月21日

2001134　*

れておらず、アメリカも慎重を期したために、緊張状態はひとまず固定されることになった。(1)

新政権下の台湾では、こうした「冷たい平和」状態は遠からず必ず破れるだろうという観測が、時とともに徐々に強まってきているように見える。「時は台湾に味方しない」とする李遠哲の見方もその一例であるし、陳水扁陣営の「中国政策白書」の執筆責任者だった陳明通も、新政権発足後に発表された論文で、「米中の国内情勢は近く大きく変わり、厳しい国際環境の中で台湾の安全が脅かされる時が到来するであろう」として、次のように記している。

米大統領選挙の候補者は、みな中国政策を見直して台湾の利益を擁護するように言っている。だが新大統領の両岸政策がどのようなものになるのか、確たることは誰にもわからない。中国の場合も、台湾政策をめぐってタカ派もハト派も政権維持の都合上ともに自制してきた。だが……二〇〇二年の共産党第一六回大会で政権の継承という重大課題の処理が終われば、台湾政策にも影響が出てくることは当然である。(2)

総統選挙では中国問題はもちろん大きな争点ではあったが、選挙戦の期間中はこのような「近い将来への不安感」が語られることはほとんどなかった。陳明通が指摘しているように、アメリカは大統領選挙の真っ最中、中国はポスト江沢民時代の準備を進めねばならない時期にあって、米中ともに台湾の総統選挙の結果を左右するような言動は発しにくかった。唯一の超大国として冷戦を生き残ったアメリカの場合、潜在的な対抗国家である中国に融和的な姿勢を見せることは、選挙戦術としてはできにくかったし、政権移行期が始まった中国の場合も、次期政権の手足を予め縛ってしまうようなドラスチックな台湾政策はとれなかった。台湾の政権交代は、実のところ近来まれに見る平和的な国際環境の中で行なわれたのであった。

米大統領選挙が終わり、中国の次期政権の大枠が定まりつつあるいま、「冷たい平和」がいつ破れるのか、あらためて台湾新政権の上層部が憂慮し始めたことは偶然ではない。

中国の政権移譲はこれからが本番であるし、WTO加盟という懸案もあるから、少なくとも国際社会に「粗暴」と受け取られるような行動は、北京も当分とれないであろう。香港や台湾のメディアが、「あと三年ほどは中国は動くまい」とか、「二〇〇五年ころには台湾海峡に真の危機がやってくるかもしれない」といった観測をしきりに流しているのは、概ねそうした根拠を踏まえてのことと考えられる。台湾問題では江沢民に次ぐナンバー2の立場にある銭其琛副首相が、「台湾は中国の一省である」という刺激的な表現をことさらに避けるようにして、「世界にはただ一つの中国しかない。中国大陸も台湾も一つの中国に属する。中国の主権と領土が分割されることは許されない」と比較的穏やかな発言をするようになったことに、台湾の世論は強い関心を示している。

一方、アメリカはどうか。「中国は戦略的パートナーではなく競争相手だ」と広言してきたブッシュが大接戦の末に次期大統領に決まり、台湾はひとまず安堵しているであろう。当選直後からアメリカ寄りにポジションをとりつつ台湾の安全を確保しようとする姿勢が明白だった陳水扁は、「新政権の中国政策はアメリカの中国政策そのものだ」という批判があっても、立場を変えることはあるまい。新政権の大陸委員会次官にその後就任した陳明通が次のように語っていたことが、筆者にとっては印象的であった。

中国に対してあまりにも「善意」を強調しすぎるという批判があることは、十分承知している。こちらが「善意」を示すことが、実は二つの意味で中国にプレッシャーになるのである。それは第一に、台湾がトラブルメーカーなどではないことをアメリカに印象づけ、安心させること、第二に、台湾の国際的地位を押し上げるのに多少とも役立つことである。選挙期間中のソフトな陳水扁発言とハードな朱鎔基発言とがきわめて対照的であったことは、国際社会にも理解してもらえるはずだ。(3)

さらにふれておかなければならないのは、新政府の政策遂行能力に対する拭いきれない不安感である。本章の第一、二節に詳述した通り、選挙期間中に陳水扁陣営が示した中国政策の提示の仕方がなかなか巧みであったのに比べ、政権発足後の施政態度にはかなり大きな揺れが見られ、与党内部にさえ「陳水扁が一体どうしようとしているのか、つかみにくい」という声が聞かれる。この先経験を積めばいずれ修正されてゆく欠点であるのかもしれないが、態度の揺れが戦略観の欠如のように根本にかかわる問題なのかどうか、なお判然としない。

ただ、新政権が「三通」問題や「超党派グループ」の作業などで意外なほど積極性と柔軟性を発揮し、中国からの常駐記者や観光客の受け入れにもメドをつけつつあることには、注意しておかねばならない。淡江大学教授で中台問題の専門家の張五岳が、新政権の中国政策処理について、以下のように二様の評価を下していることを紹介しておこう。

新政府は〔中国政策で〕何もしていないとは言えない。両岸交流政策には見るべきものがあるし、開放施策の考え方においても国民党時代に比べるとはるかに精緻である。それなのに外部から反応がなく、国際的関心も呼ばないのは、戦略観に貫かれた優れた策略が新政府に欠けているからである。(4)

（1）『中國時報』二〇〇〇年八月二八日付インターネット版への寄稿。
（2）「二〇〇〇年總統大選民進黨中國政策之研究」。『中國事務』二四ページ。
（3）二〇〇〇年八月一六日の筆者とのインタビュー。
（4）『中國時報』二〇〇〇年一一月二〇日付インターネット版への寄稿。

おわりに——中台関係の進路と日本

丸山　勝

中台関係の二一世紀は、先を見通しにくい緊張した空気の中で幕を開いた。

二〇〇一年が明けたばかりの一月二日、台湾側の金門島と馬祖島から中国側の廈門《アモイ》と福州に向けて、中台間で初めての直航船がそれぞれ船出した。一九四九年の中台分断以来五一年ぶりの合法的な直接往来であり、本来ならば歴史的出来事として盛大に祝われてもおかしくないところであったのに、実際にはいくぶんの喜劇味を帯びた一場の政治的エピソードのように受け取られ、国際社会からもかろうじて一瞥を与えられただけに終わった感がある。「小三通」の第一歩が、中国側からのはかばかしい応答を得られないままに、台湾新政権の一方的イニシアティブの形でやや性急に踏み出されたことを思えば、これもやむを得ない結果であっただろう。

前年三月の台湾総統選挙で、半永久的政権党であるかに見えた国民党が野に下り、独特の台湾アイデンティティー意識を体現する民進党が政権を握ったことで、そうでなくとも険しかった中台関係は、全体にさらに険しさを増しつつある。台湾が仕掛けた一方通行の「小三通」を、拒みはしなかったがまともに応じもしなかった中国の態度には、新政権への深い猜疑が透けて見える。不信のバランスの上に出現した当座の「冷たい平和」状態が長く続くはずもなく、遅かれ早かれ崩れることは疑いない。

その後に到来するのは、台湾が期待しているように全面的な融和と和解の時代なのであろうか。願わくばそうあってほしいし、その可能性はゼロではないであろうが、おそらくはそうはなるまい。関係の推移に関心を持ち、中国と台湾両方の隣国にあって両方から確実に影響を受ける立場からすれば、不確定の事態に身構えたくなる気分を禁じ得ない。

台湾における政権交代の前から後にわたる時期の中台関係がどのような推移を経てきたか、また政権交代がいかなる衝撃をもたらしたか、ここまで筆者二人で作業を分担し、三部に分けて見てきた。そのさい、それぞれ機会あるごとに、若干の展望をも試みたつもりである。ただしそれらは、特定の問題に関連した当面の見通しに類するものであったかもしれない。稿を終えるにあたり、観察の時間的奥行きを少しばかり深くとり、「当面の事態の少し先に確実に到来しそうな状況」を、あとがき風にごく簡単にまとめておきたい。

対話の再開は時間の問題

その一。中台間の準公式対話は、いずれ必ず再開されるであろう。

一九九九年七月、李登輝が特定の意図をもって「二国論」を提起したために中断してはいるが、中台交流団体間の接触と双方のトップによる会談が、双方にとって無二の利用価値を持つことに変わりはない。脅すにしてもなだめるにしても、相手が目の前にいる方が効き目があるのはわかりきったことだし、利害が根本的に反する相手とは口もきかないといった態度は、伝統的に交渉ごとに長けた中華民族の好むところではない。不倶戴天の敵同士であろうとも話し合いだけはした例なら、中国の歴史や政治に無数にある。交流団体間で最初のトップ会談が実現した時期（一九九三年）が、李登輝による権力の台湾化が最初の成果を挙げた時期と奇妙に一致していたことを想起してもよい。

すでにふれてきたように、民進党政権は準公式対話の再開にかねてから熱心であるが、その一つの理由は、国民党のように他に種々多様なチャンネルを持っておらず、差し当たり準公式チャンネルに頼らざるを得ないからである。一方、中国が新政権の誘いになかなか乗ろうとしないのは、台湾独立を主張してきた政党を憎悪しているからであるよりも、台湾が発する若干混乱したメッセージから統一した意思を読み取れず、新政権の意図がつかみきれないからではあるまいか。

したたかで経験の蓄積もあり、一筋縄ではいかない李登輝に、中国は「隠れ台湾独立派」のレッテルを張り、彼の時代が早く終わることを待ちわびてきた。その後継政権が中国とは比較的反りの合う国民党系の政治勢力ではなく、中国にとっておよそ理解し難い理念を掲げる未知の政党の手に帰してしまったことは、北京の計算外であっただろう。しかし、理想主義に傾きがちでかなり頑固だが、実務経験と交渉技術に乏しく、戦略や一貫した策略の運用が苦手な台湾の新しいリーダーたちは、交渉ごとの相手としては、中国にとっては李登輝などよりはるかにくみしやすいのではないか。少なくとも、北京が対話することさえも避けねばならないような相手ではない。

対話再開の糸口を見つけ出すのはそう難しくはあるまいが、どこを出発点とし、何を目標にするかで話をつけるのは、確かに少し厄介になった。従来なら「一つの中国」を暫定目標にしておき、その具体的意味は双方の自由解釈に委ねるという便法が使えたが、台湾の新政権は「一つの中国」は目標ではなく議題の一つだという立場をとるからである。

だが実際問題として、李登輝が任命した対話団にしても、「一つの中国」をいずれ到達すべき目標だと本気で考えていたのかどうか、大いに怪しい。一九九一年に定められた台湾の国家統一綱領では、原則は対等や互恵、目指すのは「民主・自由・均富の（統一）中国」だとなっている。一般にこれは、統一の無期限先送り、国民党内の保守派をなだめる方便と解される。「一つの中国」が共通認識であるかに装いつつ、中台の対等な関係と台湾の自立性を保全してゆくというのが、準公式対話に臨んだ台湾側の真の狙いだったのである。中国もそれを十分承知した上で、対話ゲームに応じてきたはずであった。

だとすれば、中国が台湾新政権に「一つの中国」を是が非でも対話の前提とせよ、それがゲームのルールだったはずだ、と強弁し続けられるのかどうか。陳水扁は総統就任の演説で、「既存の基礎の上に立ち」、つまり李登輝時代の対話ルールを踏襲して、「将来『一つの中国』の問題を共同で処理」しよう、と呼びかけた。中国ペースに巻き込まれまいとする意図が濃いにしても、中国がこれに近い線まで歩み寄ることが不可能だとは思えない。

このように、準公式対話を再開させる潜在的動機は、双方にいくつもある。どちらにも意地と面子と作戦があるからすぐは無理だとしても、さほど遠くないうちに「その時」が必ず来るであろう。ただにらみ合うだけでは、どちらにも何の利得ももたらさないことだけははっきりしている。

リスクに満ちた経済開放交流

その二。中台間の実務関係は、否応なしに深まってゆくであろう。

中台のWTO加盟、李登輝時代の中国向け投資規制方針である「戒急用忍」（急がず、忍耐強く）の緩和もしくは撤廃、「大三通」時代の到来などを見越して、台湾の企業界はすでに一斉に中国市場を指向し始めた。中国への投資額は二〇〇〇年には倍増し、陳水扁を間接的に支援してきた王永慶が経営する台湾プラスチックは、中国浙江省の寧波にポリ塩化ビニールの大規模なプラントを建設する計画を進めている。一件あたり五〇〇〇万米ドルまでという中国向け投資制限は、確実に有名無実化しつつある。

台湾経済が中国市場に密着すればそれだけ中国依存度が高まり、台湾がサバイバルの最大の武器にしてきた経済力の自立性が損なわれる危険も大きくなるであろう。総統選挙中から中台経済関係の全面開放をうたってきた陳水扁は、そうしたリスクをどう管理しようというのか。

陳水扁陣営が発表した「中国政策白書」を読む限りでは、彼のロジックはこうである。中国との間で実利関係を深めるためには、必ず実務協議が必要になる。その種の協議では、政治原則の差異は決定的にはならない。中国は、対話を再開したいならまず「一つの中国の原則」を認めよと主張するが、対話の結末を最初から定めてしまうような「原則」は認められない。そこで、中国のかねてからの求めでもあった「三通」など、経済交流の開放を受け入れよう。中台関係の主柱は実務関係だということになったら、政治原則の問題はさほど重要ではなくなる。政治対立はその分薄まり、台湾の安全を確保しやすくなるであろう。

台湾新政府のこうしたロジックにあっては、経済交流の開放は中国を対話の場に引き出す手段にすぎない。李登輝の「戒急用忍」方針に込められたような経済的自主性の喪失に対する恐怖や警戒心は、きわめて希薄である。だが、経済交流開放化が生み出すリスクを過小評価することの危険を重視する向きは、新政府部内にもすでにある。実務関係が今後着実に深まれば深まるほど、リスク管理の具体的な方策が講じられるようになるに違いない。言い換えれば、いまでこそ新政府は自由な中台経済交流に熱心だが、いずれ必ず自由化に枠をはめる方向に動くということである。

「中国政策白書」も、「経済の安全」に配慮する必要性にふれてはいる。産業のハイテク化をさらに進めて中国との間の技術差を確保するとか、中国に対する輸出依存度を一五―二〇%に抑えて輸出市場の分散を図るとかがそれである。だが、企業がチャイナ・マーケットの魅力にとりつかれ、動き出してしまった後では、ブレーキをかけようとしても手遅れになるかもしれない。その意味で、中台経済関係の自由化は危険な賭である。

大国意識vs本土意識

その三。中国の超大国指向はますます強まり、台湾の「本土意識」はさらに定着してゆくに違いない。中台関係に関して台湾人には、「あの中国もいずれは必ず変わる。難問を山ほどかかえ、このまま無事に済むはずがない。もしかしたら、国内の地域格差や社会不安が原因で分裂するかもしれない。その時まで、じっと我慢だ」という、願望のこもった未来像を描く傾向が、多少ともある。その種の心理的支えでもなければ、人口六〇倍の巨大な隣人からの圧力に、耐えてはゆけまい。「統一」を掲げながら現実には台湾化を急速に進めた李登輝も、中国戦略の根底にその種の未来像を描いていたかもしれない。一九九九年に発刊された口述に基づく著書『台湾の主張』には、中国は七つ程度に分割されている方が民衆の福利に合致するという趣旨のいわゆる「七塊論」が、放談風に披瀝されている。

だが現実の中国は、幾多の深刻な問題に悩んではいるが、江沢民のすでに長期化した政権が崩壊するとか、二〇〇二年の政権移譲がうまくいかないとかの兆候はないし、貧しい少数民族自治区や内陸諸省で反乱が起きそうだとか、豊かになった沿海地方が分離したがっているとかの噂もない。あるレベル以上の経済成長がこの先一定期間確保され、地方から大都市に流出してくる貧困層の臨時雇用や、沿海から内陸への投資という形で、成長の果実が曲がりなりにも再分配されている間は、中国共産党の体制はひとまず安泰であろう。

社会主義市場経済の寵児になった上海、広州、新圳といった大都市は経済離陸を実現しつつあり、大邸宅に住み海外旅行を楽しむような富裕層をも生み出した。広東省、江蘇省などの中小都市も上海などの後に続いており、中国は部分的にすでに中進国並みの経済力を具えるに至っている。そうした「成功」による自信、成長部分のわき上がるパワーに支えられて、中国は過去数年の間に明らかに「大国」を意識するようになった。

かつて「中華振興」といえば、中華民族が著しく低いレベルから何とかプライドを持てるレベルにまで、生産力と生活水準を引き上げることを意味したが、建国五〇周年にあたる一九九九年あたりから、栄光の中華文明を再興するという意味合いの「中華復興」にスローガンが変わり、世界の大国を目指すというニュアンスが濃厚にこもるようになった。敗戦国の汚辱の中でひたすら働いて経済力をつけても、日本は「大国」ではなく、せいぜいのところ「経済大国」でしかなかった。中国の場合はそうではない。国際舞台で十分通用する政治力と一定の軍事力をすでに擁していた中国が経済力にも恵まれれば、まぎれもなく大国であり、準超大国である。社会主義建設から愛国主義へ、革命の純粋性に代えて「中華振興」「中華復興」へ、国民的目標を一転させたプロパガンダも、中国人の大国指向に意外に合致したもののようである。

ならば、住民の大部分が中国大陸にルーツを持つ台湾人も、「中華復興」の大合唱にいずれ唱和するようになるのか。明らかにそうではない。そもそも台湾人の大多数は、「世界の大国」の国民になることなどに、何の関心もなさそうである。蒋介石時代の残酷な圧制を長期間経験し、独裁者が唱えた「大陸反攻」のスローガンや、小ながらも世界の大国を自称することの空々しさを、身にしみて感得したからであろう。

アジア有数の分厚い中間階層が求めるのは、小市民的な安定を確保すること、より居心地のよい政治・社会環境を整えること、金銭的・知的に少々上を目指せること等である。中国と衝突するかもしれないリスクを承知で李登輝の台湾化政策を支持し、力量未知数の「台湾の子」陳水扁を総統に押し上げたのは、この二人であれば民衆を裏切ることなく、身の丈に合った満足をもたらすはずだと判断したからであろう。そうした判断の根本にあるのは、台湾人アイデンティティーとか「本土意識」とか呼ばれるものである。

総統に就任して以後の陳水扁は、経験不足のために一部政治案件の処理を誤り、支持層からも批判されている。だがその批判の趣旨が、「本土意識」を貫徹していないというところに集中している点に注意しておきたい。

日本は沈黙すべきでない

中国に蔓延しつつある大国意識と、台湾人が再確認するに至った「本土意識」とは、政治の場では容易に融け合えそうにない。伝統中国の世界観では、中華文明の光芒が及ぶ周縁地域に、中華世界の中心部とは異なるアイデンティティー意識を持つ民族集団が、独自の国家を形成して生存することを許容した。だが、屈辱に満ちた現代史を体験した後の中国のリーダーにはそのような寛容さは希薄であり、伝統的に中華世界と外界との緩衝地帯だったチベットさえも、中華人民共和国というネーション・ステートの枠の中に強引に押し込んだ。かつて大中華帝国の版図の一部であり、漢族が圧倒的多数を占める台湾は、社会主義中国にとって「解放しそこなった中華世界の不可分の一部」でしかない。その意味で台湾統一は「民族の宿願」なのである。

だが、そのような中国流の国家意識が、ネーション・ステートの意味が崩壊し始めた現代世界にマッチするかどうか、保証の限りではない。だから、中国が台湾であくまで国家の意思を貫こうとすれば、中台間だけでなく、台湾に利害関係を持つ国と中国との間にもフリクションが生じる可能性が出てくる。言うまでもなく、日本は中台関係に深刻な関心を寄せざるを得ない「関係諸国」に含まれる。何よりも、中東から日本に向かう原油の輸送路は台湾海域を通過しており、台湾海域は日本の生命線だからである。

かつて台湾を植民地統治した日本が、神聖な中国領土の一部であるべき台湾に深刻な関心を持つことは、中国にとっては確かに愉快なことではないだろう。日本は一九七二年九月の日中共同声明で、中華人民共和国政府が中国の唯一の合法政府であることを承認し、台湾が中国領土の不可分の一部だとする中国の立場を「十分理解し、尊重する」ことをうたった。台湾領有を放棄する旨を記したポツダム宣言を受諾もしている(台湾の新しい帰属先については何も表明していない)。したがって、中台関係の帰趨に日本が直接関与する余地は全くない。

にもかかわらず、ことと次第では、日本は台湾問題の影響を必ず受ける立場にはある。例えば、台湾海峡で武力紛争が発生したような場合、日本のシーレーンの安全は保障されなくなり、沖縄県西端一帯の領土と領海が紛争の火の粉を浴びることを心配しなければならない。隣国の紛争が自国の安全を脅かす可能性がある場合には、国益の範囲内で発言できるのは常識であろうから、台湾問題についても、日本は一切口をつぐんでいなければいけないということはないのである。

台湾問題は、現代世界における国家の意味を考える恰好のテキストでもある。既存の国家の一部で民衆が自由意思による自決を希望した場合、その希望が正義にかなっているかどうかを判定する基準は、非常にあいまいになってきた。東ティモールの独立が認められるなら、インドネシアの東端イリアンジャヤ州や西端アチェ特別自治州も独立できるのか。ボスニア・ヘルツェゴビナのイスラム教徒に安全な居住地を与えられる以上、フィリピンのミンダナオ島やスールー諸島で武力闘争を展開中のイスラム教徒にも、自決が認められるのか。万国共通の正義の基準などはないのである。しかも、国家間や地域間の相互作用が頻繁で複雑になった現代世界では、ある地域の紛争に利害と関心のある局外者の介入が必然的に増えているが、そのどこまでが不当な干渉でどこからが正当な権利行使なのか、見分け難くなった。

台湾の場合、問題の根源は中国大陸での内戦であったが、内戦の埒外にあった以前からの台湾居住者が、ほぼ完璧に民主的な手続きを経て指導者や議員を選ぶようになってから、政権の正統性について他の国や地域の場合とも共通する議論がなされることになった。ことは現代の政治権力とは何かにかかわる問題である以上、大国中国が関与することには目をつぶろうという事なかれ主義で、やり過ごせるものでもない。

日本にとっては、歴史上負い目があり、自国の将来にも決定的な影響を与える中国と円満な関係を築くことは、もちろん重要である。同時に、やはり歴史上快いとは言えなかった関わりを持ち、多くの利害を共有する台湾により関心を向けることは、国益上重要であり、道義上必要でもある。台湾問題を考えることは、そのまま中国を考えることでもあるのである。

◇

この書物を山本勲、丸山勝の二人で共同執筆することになったのは、藤原書店の藤原良雄社長の発案で、季刊誌『環』第二号のために、台湾問題に関して対談の形で議論したのがきっかけである。対談は中台関係の骨格と日本のとるべき態度をまとめることを意図したものであり、予定の四時間があっという間に経ってしまった感のある有意義な議論であった。この内容ならば書物にしても何とか読むに堪えると思い、必要最小限の書き足しをしたうえで、第Ⅰ部に収載した。

単行本にするにさいしては、山本には中台関係のここ二、三年の推移に分析を加えて書き留めておきたいという希望があり、丸山には陳水扁政権が発足して以後の動向をまとめてみたいという願望があった。そこで、対談以外に適当と思われる分量の原稿を、それぞれ分担を決めて、新たに執筆することになった。書き下ろし分は、二人とも事前に考えていた以上の紙数になってしまい、編集を担当していただいた刈屋琢氏の予定を、大幅に狂わせてしまったのではないかと思う。

陳水扁政権は、この本の原稿執筆中にも種々の政治事件に遭遇し、二一世紀に入ってもなお当分安定しそうにない。新政権が中台関係に本格的に取り組むのは、実質的にはまだこれからである。率直に言って、中台関係はすぐには劇的な動きを見せそうにない。むしろそうであればこそ、台湾に新政権が生まれたことの意味を中台関係と絡めてまとめておくには、ここがいいチャンスではなかったかと思う。山本は現職の記者、丸山も二年半ほど前まで同業だったので、原稿は意識せずともジャーナリスティックなスタイルになった。疎漏や洞察不足も多々あろうから、読者諸賢のご教示を乞いたい。

タイミングを吟味したうえで筆者二人に執筆の機会を提供してくれた藤原社長、共著の煩雑な作業を処理していただいた刈屋氏に、あらためて感謝したい。ここにはとくに名前は挙げないが、われわれ二人の取材に快く協力してくれた台湾の大勢の方々に、お礼を申し上げる。

二〇〇一年一月

東京にて　丸山　勝

著者紹介

丸山勝（まるやま・まさる）

1939年長野県生まれ。現在，目白大学教授。63年京都大学文学部卒業，読売新聞社入社。ジャカルタ，ナイロビ各特派員，北京支局長，アジア総局長（シンガポール，バンコク駐在），外報部次長，読売新聞調査研究本部主任研究員などを経て，2000年4月より現職。

著書に『陳水扁の時代』（藤原書店，2000年）『現代中国のイメージ』（三修社，1986年）など，訳書に殷允芃編『台湾の歴史』（1996年）I・ウォーラーステイン『ポスト・アメリカ』（1991年）ウォーラーステイン＆ホプキンズ編『転移する時代』（1999年，以上藤原書店）など。

山本勲（やまもと・いさお）

1948年岡山県生まれ。現在，日本経済新聞社アジア部編集委員。71年早稲田大学第一政治経済学部卒業，日本経済新聞社入社。北京特派員，北京支局長，香港支局長として中国，香港，台湾報道に従事。この間，国際一部次長。96年より現職。

著書に『中台関係史』（藤原書店，1999年）『宗教から読む国際政治』（共著，日本経済新聞社，1992年）。

「東《ひがし》アジアの火薬庫《かやくこ》」中台関係《ちゅうたいかんけい》と日本《にほん》

2001年2月25日　初版第1刷発行©

著　者　丸山勝
　　　　山本勲
発行者　藤原良雄
発行所　株式会社 藤原書店

〒162-0041　東京都新宿区早稲田鶴巻町523
電　話　03（5272）0301
FAX　03（5272）0450
振　替　00160-4-17013

印刷・製本　美研プリンティング

落丁本・乱丁本はお取替えいたします
定価はカバーに表示してあります
Printed in Japan
ISBN4-89434-220-0

台湾人による初の日台交渉史

台湾の歴史

（日台交渉の三百年）

殷允芃編　丸山勝訳

オランダ、鄭氏、清朝、日本…外来政権に翻弄され続けてきた移民社会・台湾の歴史を、「親日」と言われる台湾人自らの手で初めて描き出す。その歴史において日本といかなる関係を結んできたのか。知られざる台湾を知るための必携の一冊。

四六上製　四四〇頁　三二〇〇円
（一九九六年一二月刊）
◇4-89434-054-2

發現台灣　天下編輯

中国 vs 台湾——その歴史的深層

中台関係史

山本　勲

中台関係の行方が日本の将来を左右し中台関係の将来は日本の動向によって決まる——中台関係を知悉する現地取材体験の豊富なジャーナリストが歴史､政治､経済的側面から「攻防の歴史」を初めて描ききる。来世紀の中台関係と東アジアの未来を展望した話題作。

四六上製　四四八頁　四二〇〇円
（一九九九年一月刊）
◇4-89434-118-2

陸のアジアから海のアジアへ

海のアジア史

〔諸文明の「世界《エコノミー》=経済《モンド》」〕

小林多加士

ブローデルの提唱した「世界《エコノミー》=経済《モンド》」概念によって、「陸のアジアから海のアジアへ」視点を移し、アジアの歴史の原動力を海上交易に見出すことで、古代オリエントからNIESまで、地中海から日本海まで、躍動するアジア全体を一挙につかむ初の試み。

四六上製　二九六頁　三六〇〇円
（一九九七年一月刊）
◇4-89434-057-7

トインビーに学ぶ東アジアの進路

文明の転換と東アジア

（トインビー生誕一〇〇年アジア国際フォーラム）

秀村欣二監修　吉澤五郎・川窪啓資編

地球文明の大転換期、太平洋時代の到来における東アジアの進路を、トインビーの文明論から模索する。日・韓・中・米の比較文明学、政治学、歴史学の第一人者らによる「アジアとトインビー」論の焦点。「フォーラム全記録」収録。

四六上製　二八〇頁　二七一八円
（一九九二年九月刊）
◇4-938661-56-X

グローバリズム経済論批判

経済幻想

E・トッド
平野泰朗訳

「家族制度が社会制度に決定的影響を与える」という人類学的視点から、グローバリゼーションを根源的に批判。アメリカ主導のアングロサクソン流グローバル・スタンダードと拮抗しうる国民国家のあり方を提唱し、世界経済論を刷新する野心作。

四六上製　三九二頁　**三二〇〇円**
（一九九九年一〇月刊）
◇4-89434-149-2

L'ILLUSION ÉCONOMIQUE
Emmanuel TODD

開かれた同化主義の提唱

移民の運命
〈同化か隔離か〉

E・トッド　石崎晴己・東松秀雄訳

家族構造からみた人類学的分析で、国ごとに異なる移民政策、国民ごとに異なる移民に対する根深い感情の深層を抉る。フランスの普遍主義的平等主義とアングロサクソンやドイツの差異主義を比較、「開かれた同化主義」を提唱し「多文化主義」の陥穽を暴く。

Ａ５上製　六一六頁　**五八〇〇円**
（二〇〇〇年一一月刊）
◇4-89434-154-9

LE DESTIN DES IMMIGRÉS
Emmanuel TODD

現代経済事情を道案内

日本経済にいま何が起きているのか

阿部照男

いま、日本経済が直面している未曾有の長期不況の原因と意味を、江戸時代以来の日本の歴史に分かりやすく位置づける語りおろし。資本主義の暴走をくいとめるために、環境を損なわない経済活動、資源を浪費しない経済活動を提唱する「希望の書」。

四六上製　二四八頁　**二四〇〇円**
（二〇〇〇年三月刊）
◇4-89434-171-9

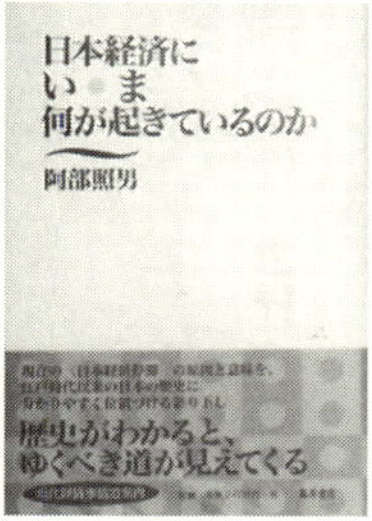

渾身の書き下し、新経済学入門

経済学道案内
〈基礎篇〉

阿部照男

マルクス経済学や近代経済学にも精通した著者が、人類学、社会学などの最新成果を取り込み、科学としての柔軟性と全体性を取り戻す新しい〈人間の学〉としての経済学を提唱。初学者に向けて、その原点と初心を示し、経済のしくみ、価値体系の謎に迫る。

Ａ５並製　三六六頁　**三二〇〇円**
（一九九四年四月刊）
◇4-938661-92-6

二一世紀への戦略を提示

アフター・リベラリズム

（近代世界システムを支えたイデオロギーの終焉）

I・ウォーラーステイン　松岡利道訳

ソ連解体はリベラリズムの勝利ではない。その崩壊の始まりなのだ——仏革命以来のリベラリズムの歴史を緻密に跡づけ、その崩壊と来世紀への展望を大胆に提示。新たな史的システムの創造に向け全世界を鼓舞する野心作。

四六上製　四四八頁　**四八〇〇円**
（一九九七年九月刊）
◇4-89434-077-1

AFTER LIBERALISM
Immanuel WALLERSTEIN

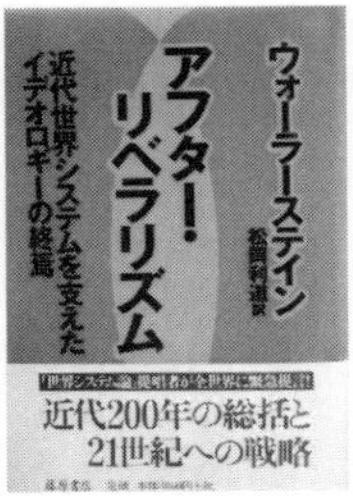

激動の現代世界を透視する

ポスト・アメリカ

（世界システムにおける地政学と地政文化）

I・ウォーラーステイン　丸山勝訳

「地政文化《ジェオカルチャー》」の視点から激動の世界＝史的システムとしての資本主義を透視。八九年はパックス・アメリカーナの幕開けではなく終わりである、冷戦こそがパックス・アメリカーナであったと見る著者が、現代を世界史の文化的深層から抉る。

四六上製　三九二頁　**三六八九円**
（一九九一年九月刊）
◇4-938661-32-2

GEOPOLITICS AND GEOCULTURE
Immanuel WALLERSTEIN

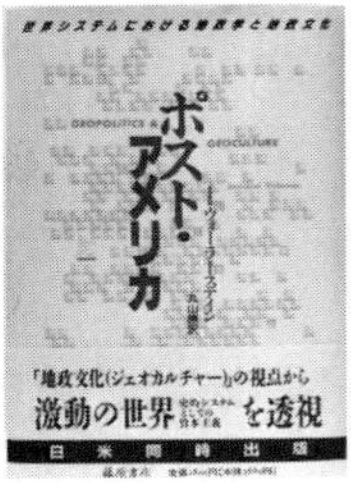

世界システム論で見る戦後世界

転移する時代

（世界システムの軌道 1945–2025）

T・K・ホプキンズ、
I・ウォーラーステイン編　丸山勝訳

近代世界システムの基本六領域（国家間システム、生産、労働力、福祉、ナショナリズム、知の構造）において、一九六七／七三年という折り返し点の前後に生じた変動を分析、システム自体の終焉と来るべきシステムへの「転移」を鮮明に浮上させる画期作。

A5上製　三八四頁　**四八〇〇円**
（一九九九年六月刊）
◇4-89434-140-9

THE AGE OF TRANSITION
Terence K. HOPKINS,
Immanuel WALLERSTEIN et al.

二十一世紀への知の樹立宣言

ユートピスティクス

（二十一世紀の歴史的選択）

I・ウォーラーステイン
松岡利道訳

近代世界システムが終焉を迎えつつある今、地球環境、エスニシティ、ジェンダーなど近代資本主義の構造的諸問題の探究を足がかりに、単なる理想論を徹底批判し、来るべき社会像の具体化へ向けた知のあり方としてウォーラーステインが提示した野心作。

B6上製　一六八頁　**一八〇〇円**
（一九九九年一一月刊）
◇4-89434-153-0

UTOPISTICS
Immanuel WALLERSTEIN